Der
Grundbesitzwechsel in Rufsland
(1861—1908).

Der

Grundbesitzwechsel in Rußland

(1861—1908)

Von

Prof. **Dr. W. v. Swjatlowski**
(St. Petersburg)

Leipzig
Verlag von Duncker & Humblot
1909

Alle Rechte vorbehalten.

Altenburg
Pierersche Hofbuchdruckerei
Stephan Geibel & Co.

Vorwort.

Rußland durchlebt auch in bezug auf seine Agrarverhältnisse eine historisch hochbedeutsame Zeit. Durch die neuen, von der Duma bestätigten Gesetzesbestimmungen wird die ungeheure Fläche des bis 1909 unbeweglichen Anteillandes auf den Markt, in den Kreislauf des Wirtschaftslebens geworfen, in völliges Privateigentum übergeführt. Diese „Revolution von oben" zwingt die russische Agrarfrage unerwarteterweise in ein völlig neues Fahrwasser, sie bedeutet einen tiefen Einschnitt in die wirtschaftliche Entwickelung Rußlands, bildet den Markstein zwischen der alten kommunistischen und der individualistischen Besitzform. Es ist daher von Wichtigkeit, den ganzen bisherigen Gang des russischen Grundbesitzwechsels seit der Aufhebung der Feudalverhältnisse durch die Bauernemanzipation vom 19. Februar 1861 einer eingehenden statistischen Betrachtung zu unterziehen.

Durch besondere psychologische Zufälligkeiten sind wir in der glücklichen Lage, die ganze Entwickelung der russischen Grundbesitzverhältnisse und des Besitzwechsels statistisch beleuchten zu können; es sind im Laufe der letzten zehn Jahre ausführliche amtliche Erhebungen über diese Frage veranstaltet worden, deren statistische Verarbeitung der Verfasser dieser Schrift als Vorstand des zu diesem Zwecke gebildeten Bureaus geleitet hat.

Die gegenwärtige Schrift hat in Rußland zwei Auflagen erlebt, 1907 und 1909. Für die deutsche Übersetzung sind die erhältlichen amtlichen Ziffern bis zum Jahre 1909 fortgeführt worden.

Für die freundliche Leitung und Überwachung der deutschen Übersetzung spreche ich Herrn Prof. Dr. Ballod-Berlin meinen verbindlichsten Dank aus.

St. Petersburg, März 1909.

Der Verfasser.

Inhaltsverzeichnis.

	Seite
Vorwort	V
Erster Teil. Aus der Geschichte und Theorie der Mobilisation des Grundbesitzes	3— 17
I. Kurzer geschichtlicher Überblick	3
II. Zur Literatur	12
III. Zur Theorie	13
Zweiter Teil. Die Mobilisation des Grundbesitzes in Rußland	21—125
A. Quellen und Organisation der Erscheinungen	21— 77
I. Feststellungen des Finanzministeriums	21
II. Schätzungskommissionen der Landschaften	49
III. Die Erhebungen des Ministeriums des Innern	57
B. Statistische Ergebnisse	77—125
I. Allgemeine Ergebnisse der Mobilisation	77
II. Der Grundbesitz des Adels	95
III. Der bäuerliche Grundbesitz	114
Anhang	127

Erster Teil.
Aus der Geschichte und Theorie der Mobilisation des Grundbesitzes.

I. Kurzer geschichtlicher Überblick.

Die Erforschung der Agrarfrage ist mit der Untersuchung des Grundbesitzes aufs engste verknüpft. Die agrarischen Verhältnisse werden von den Formen und der Verteilung des Grundbesitzes, von den Methoden und Arten seiner Veräußerung beeinflußt, weshalb letztere mit Hilfe der einzig in diesen Fragen richtigen Methode — der statistischen — genau untersucht werden müssen. Alle Länder, die eine hohe Entwicklung erreicht haben, sind im Besitz einer Organisation der Grundbesitzstatistik. Letztere kann entweder statisch sein — und dann klärt sie über die gegenwärtige Lage des Grundbesitzes auf, oder sie ist dynamisch, d. h. sie erörtert die Frage des Grundbesitzes vom Standpunkt des historischen Evolutionsprozesses.

Ein besonderer Wert muß auf die statistischen Angaben der zweiten Kategorie gelegt werden, da sie die Dynamik einer Erscheinung, d. h. dieselbe in einzelnen, gleich weit voneinander entfernten Zeitabschnitten schildern, und somit zur Aufdeckung der eingetretenen Veränderungen und der für die Beobachtung unzugänglichen Tendenzen der wirtschaftlichen Entwicklung führen. Zu derartigen Erscheinungen gehören auch die Bestrebungen zur Konzentration und zur Parzellierung des Grundbesitzes, und lassen sie sich mit besonderer Klarheit nur zu solchen Zeiten beobachten, wo der Boden mobil wird, sich von der Gebundenheit durch den Gemeindebesitz oder durch die feudale Ordnung befreit. Indem nun das Recht des Privatbesitzes das Immobiliarvermögen gewissermaßen in eine Marktware verwandelt hat, hat es auch in dieser Richtung das Eintreten vieler Tendenzen des kapitalistischen Warenumsatzes ermöglicht. Dieser Umsatz der Grundstücke auf dem Grundbesitzmarkte läßt sich mit Hilfe der entsprechenden statistischen Angaben — der Statistik der Mobilisation des Grundbesitzes — gründlich erforschen.

Somit ist die Mobilisation, als wirtschaftliche Erscheinung, ein Ergebnis der neuen Verhältnisse.

Obgleich bereits in einigen Staaten des Altertums der private Grundbesitz Gegenstand privatrechtlicher Beziehungen war, existierte dennoch eine Mobilisation im jetzigen Sinne des Wortes nicht. Einerseits war sie durch die engen Standesgrenzen, anderseits — durch den ungeheueren Umfang der Besitztümer selbst beschränkt. Die bekannten „Latifundien", d. h. die enorme und übermäßige Ansammlung von Grundstücken in den Händen von wenigen Besitzern, haben bekanntlich den wirtschaftlichen Verfall Italiens beeinflußt. „Verumque — sagt Plinus der Ältere (His. Nuova, Buch XVIII Cap. VI) — confitenibus latifundia perdidere Italiam jam vero et provincias." „Sechs Eigentümer — bemerkt er weiter — waren im Besitz der Hälfte von ganz Afrika" („Sex domini semissem Africae possidebant"). Der Umfang und der Wert dieser Besitztümer, welche einzelnen Privatpersonen gehörten, waren geradezu kolossal[1] und nahmen außerdem immerfort zu.

Im Mittelalter war die Möglichkeit der Mobilisation außerhalb der Städte durch den Feudalismus und den Besitz der „toten Hand" (manus mortua, men-mort, main-morte) vollständig ausgeschlossen. In diesen Zeiten war die Hauptmasse der Grundvermögen unbeweglich, sie verblieb immer in denselben Händen (des Feudalen, des Stiftes, der Kirche, der Bauern) und wechselte ihren Herrn nur durch natürliche Ablösung einer Generation durch die nächstfolgende. Da aber der Grundbesitz nicht nur die wirtschaftliche,

---

[1] Siehe Bruno Hildebrand, Die soziale Frage der Verteilung des Grundeigentums im klassischen Altertum, im Jahrbuch für Nationalökonomie und Statistik, 1869 Bd. VII S. 147 ff.

sondern auch die politische Macht begründete, existierten in dieser Periode rechtliche Beschränkungen des freien Übergangs von Grund und Boden, selbst bei der Vererbung[1].

Der städtische Grundbesitz war hingegen verhältnismäßig mobil. Sowohl dieser Umstand, als auch sein beschränkter Umfang bewirkten, daß das städtische Grundvermögen eine hohe Bodenrente einbrachte, was — wie Sombart bewiesen hat — einen der wichtigsten Gründe für die Entstehung des Kapitalismus abgegeben hat[2].

Die Aufhebung der Feudalordnung, die Entwicklung der zentralen Staatsgewalt, der Geld- und Kreditwirtschaft, des Transports und des internationalen Handels, — alles dieses hat die weitere Existenz der Leibeigenschaft und der damit verknüpften Unbeweglichkeit des außerhalb der Städte liegenden ländlichen Grundbesitzes unmöglich gemacht. Die wirtschaftlichen Nachteile dieser Besitzform erforderten eine möglichst schnelle Abschaffung aller bisherigen Beschränkungen und ständischer Sonderrechte, denn anders konnte man der dringenden Forderung der Zeit, die Landwirtschaft ergiebiger zu gestalten, gar nicht nachkommen[3]. Ebenso ging es in allen übrigen Gebieten des damaligen wirtschaftlichen Lebens. Und so wurden ganz neue, zu den vorangehenden Zuständen in prinzipiellem Gegensatz stehende Verhältnisse geschaffen, die für eine ganz neue Ideologie

---

[1] Vgl. Buchenberger, Agrarwesen, Bd. I S. 381.

[2] Werner Sombart, Der moderne Kapitalismus, Bd. I (Genesis des Kapitalismus), Leipzig 1902, S. 290. Sombart ist der Meinung, daß der Aufschwung der Bodenrente zwischen den Jahren 1200 und 1400 demjenigen im 19. Jahrhundert analog ist.

[3] Professor M. N. Ssobolew schreibt in seinem Werk „Die Mobilisation des Grundbesitzes und die neue Strömung in der Agrarpolitik" (Moskau 1898) die Stärkung der Mobilisation den Gesetzen und der „neuen liberalen Bewegung" zu, „welche die Befreiung des Volkslebens von allen mittelalterlichen Fesseln anstrebte." Die von Prof. Ssobolew angegebenen Ursachen sind tatsächlich nur die Ergebnisse jener Veränderungen, die in den wirtschaftlichen Beziehungen eingetreten sind. Die Gesetzgebung und die wissenschaftliche Ideologie haben nur die bereits ins Leben getretenen Tatsachen festgestellt und anerkannt.

als Grundlage dienen sollten: für die persönliche Freiheit und die Freiheit des Besitzes. Unterstützt von den neuen Strömungen, befreite sich der Grundbesitz binnen kurzer Zeit von den ihm anhaftenden Beschränkungen und wurde zum größten Teil frei, veräußerlich, mobil. Nur der bäuerliche Besitz war noch lange verschiedenen Beschränkungen unterworfen.

Als zu Beginn des 19. Jahrhunderts die Grundsätze des wirtschaftlichen Liberalismus sich auf den verschiedensten Gebieten der Volkswirtschaft den Weg gebahnt hatten, wurde unter lautem Beifall der damaligen Vertreter der ökonomischen Wissenschaft von der Gesetzgebung die Mobilisation des Grundbesitzes in die Wege geleitet. Dabei wurden zur Begründung der Mobilisierung des Grundbesitzes alle wesentlichen Argumente der bürgerlichen Ideologie entnommen, die zu jener Zeit als unwiderlegbar und mit den „angeborenen Rechten" des Menschen — dem Freiheitsrecht und dem Recht des persönlichen Vorteils, welches damals als mit dem gemeinsamen Nutzen übereinstimmend betrachtet wurde — eng verknüpft erscheinen.

Auf die Verhältnisse des Grundbesitzes übertragen, bedeuteten diese Ideen das freie Verfügungsrecht über das Immobiliarvermögen, die Gleichstellung desselben mit jeder beliebigen anderen Ware. Einzig maßgebend war der persönliche Vorteil, welcher, wie es schien, erst bei völliger Dispositionsfreiheit in vollem Maße zu erreichen war [1].

Zur Begründung der Mobilisierung des Grundbesitzes wurde im Sinne des wirtschaftlichen Liberalismus folgendes ausgeführt: Bei freier Nachfrage und freiem Angebot bildet die Zersplitterung des Bodenbesitzes (Parzellation) und die Vereinigung desselben in den Händen einzelner Personen (Konzentration) nichts weiter als ein natürliches Korrektiv der bestehenden ungerechten Vermögensverteilung. Die Freiheit des Grundbesitzes bewirkt, daß derselbe in die

---

[1] Ausführliches siehe A. Buchenberger, Agrarwesen und Agrarpolitik, Leipzig 1891, Abt. 1 § 67: Der Übergang von der Gebundenheit zur Mobilisierung, S. 382 ff.

Hände der Befähigtesten gelangt, seinen früheren ständischen Charakter verliert und sich den sozialen Gruppierungen anpaßt, d. h. zum Gegenstand der wirtschaftlichen Tätigkeit der dazu veranlagten Menschen und Klassen wird.

Die Freiheit — wurde damals gesagt — gestattet erst, den Vorteilen der landwirtschaftlichen Kultur gerecht zu werden, deren wachsende und fortschreitende Leistungsfähigkeit eine Begleiterscheinung der Zerstückelung des Grundbesitzes bildet.

Die Freiheit läßt auch die wohltätigen sozialen Ergebnisse der neuen Verhältnisse hervortreten, da die freie Mobilisation die Anzahl der Grundbesitzer vergrößert, also die Zunahme der Bevölkerung, des Reichtums und eine größere Widerstandsfähigkeit der Volkswirtschaft zur Folge hat.

Die Freiheit ermöglicht es, die verhältnismäßige Vorteilhaftigkeit der einen oder der anderen Form des Grundbesitzes zu erwägen. So z. B. führt die Mobilisation zur Zerstückelung des Grundbesitzes und ist dieselbe durchaus im Interesse der Volkswirtschaft, da der kleine Grundbesitz einträglicher ist.

Unter der Herrschaft der Freiheit schließlich sind die Bodenpreise höher, also ist auch die gesamte Volkswirtschaft reicher.

Das waren die Anschauungen sowohl der Gelehrten als auch der Gesetzgeber. Als die alten, mit der Leibeigenschaft verknüpften Beschränkungen des Grundbesitzes abgeschafft waren und das Prinzip des wirtschaftlichen Liberalismus seine Triumphe zu feiern begann, da brach auch für den Grundbesitz eine neue Ära an, — die Ära seiner vollständigen Freiheit[1].

Die innere Bedeutung der neuen Ordnung bestand darin, daß der Grund und Boden den mobilen Waren, den Produkten der Arbeit und des Kapitals gleichgestellt wurde,

---

[1] Z. B. in Preußen die Gesetze der sogen. Stein-Hardenbergschen Periode, und zwar vom 9. Oktober 1807 und und vom 11. Septbr. 1811.

daß die rechtlichen Bestimmungen, welche nach einer langen historischen Entwicklung sich das mobile Kapital untergeordnet hatten, nunmehr auch auf den Grundbesitz ausgedehnt wurden. Es bildete sich ein Markt, es entstand die Frage der Grund- und Bodenpreise, es traten auf die Erscheinungen der Zerstückelung, Konzentration, der Raubwirtschaft am Boden, des Grundstückswuchers, der Not der Bauern, es kamen landwirtschaftliche Krisen. Der weitere Lauf der Geschichte zeigte alsbald, daß der freie Güterverkehr für die Land- und Volkswirtschaft durchaus nicht glückbringend gewesen ist. Die Politik des wirtschaftlichen Liberalismus hat hier zu denselben traurigen Ergebnissen geführt, wie in der Industrie. Diese ganze Gedankenrichtung wurde als eine große Verirrung anerkannt, und es setzte eine starke Reaktion gegen die absolute Mobilisationsfreiheit des Immobiliarvermögens ein. Das Edikt vom Jahre 1808 über die seigneurialen Besitztümer in Baden, als auch besonders das Gesetz vom 6. April 1854 waren gegen die Zerstückelung von Grund und Boden gerichtet. Bestimmte Einschränkungen der Freiheit des Grundbesitzes enthielten auch die württembergischen Gesetze vom Jahre 1853, ebenso die hessischen vom Jahre 1858 und die in anderen Staaten fast zu derselben Zeit herausgegebenen Gesetze.

So hatte denn die traurige Erfahrung, die mit der schrankenlosen Zerstückelung des Bodens gemacht wurde, als auch eine Reihe anderer verwerflicher Erscheinungen, die durch die unbegrenzte Freiheit des Privateigentums in Grund und Boden ins Leben gerufen waren, zu einem radikalen Umsturz der Meinungen über das Verfügungsrecht geführt[1]. Es wurde eine neue Forderung aufgestellt: die Mobilisierung des Grundbesitzes solle beschränkt werden. Der neue Standpunkt wurde durch eine Reihe von Argumenten aus dem Gebiete der Wirtschaft, des Rechts und

---

[1] Siehe Conrad, Die Zerstückelung des Grundbesitzes. Sammlung von Artikeln aus dem Handwörterbuch der Staatswissenschaften (Grundbesitz und Landwirtschaft). Russische Übersetzung. Herausgegeben von M. Wodowosowa. M. 1897.

der Ethik gestärkt. Dieser Umschwung in den Ansichten über den Grundbesitz wurde auch von sozialistischen Schriftstellern willkommen geheißen, welche dabei von der Erforschung der Natur der Grundrente und der Verschuldung des Grundbesitzes ausgingen.

Die letzteren versuchten die Frage in verschiedener Richtung zu lösen: Während Rodbertus, Henry George und K. Marx jeder nach seiner Art die Abschaffung des Privateigentums für alle Arten von Produktionsmitteln, also auch den Grundbesitz, betonen, bestehen die Vertreter der sogenannten „Bodenreform" nur auf der Beseitigung des Privateigentums am Boden, und Prof. Adolph Wagner spricht sich lediglich für die Abschaffung des Privateigentums am städtischen Grund und Boden aus. Nationalökonomen gemäßigter Anschauungen stellen noch weniger radikale Forderungen auf, doch verwerfen sie alle in gleichem Maße das Prinzip der unbeschränkten Mobilisierung des Grundbesitzes [1].

Unter den Ausführungen der letzteren Autoren gegen die unbeschränkte Freiheit des Privateigentums finden wir folgende Erwägungen: Die unbeschränkte Freiheit des Besitzes am Grund und Boden führt zum Übergang der Immobilien in die Hände der Kapitalisten, bewirkt Landlosigkeit der Landbevölkerung.

Der Boden ist kein Produkt der Arbeit, sondern eine Gabe der Natur, es ist kein Kapital im ökonomischen Sinne des Wertes, sondern ein allgemeines Gut wie das Wasser

---

[1] Zurzeit — behauptet Buchenberger — ist „mit jener einseitigen der liberalisierenden Richtung der Volkswirtschaft entsprungenen Auffassung, welche in der Rechtsbehandlung der beweglichen und unbeweglichen Güter einen Unterschied nicht anerkennen wollte, gründlich gebrochen" (A. Buchenberger, Grundzüge der deutschen Agrarpolitik. Berlin 1897, S. 95. Russische Übersetzung. St. Petersburg 1901 S. 112). Übrigens erkennt Buchenberger „alle Vorzüge", die mit der Freiheit des Güterverkehrs aufs engste verknüpft sind, an. „Es kann sich vielmehr nur darum handeln, unter grundsätzlicher Aufrechterhaltung der Freiheit des Güterverkehrs Schranken gegen einen Mißbrauch dieser Freiheit aufzurichten" (ebenda, S. 71).

und die Luft. Im Interesse der künftigen Generationen darf der Boden — diese Grundlage für den Wohnsitz und die Arbeit der ganzen Menschheit — der Willkür einer Minderheit nicht überlassen werden. Im Interesse der Vaterlandsliebe muß das Band zwischen der Bevölkerung und dem Boden fester werden. Der Boden zeichnet sich durch eine absolute Immobilität und Unverschiebbarkeit aus, und er kann deshalb seinen Grundeigenschaften zufolge allen übrigen Waren durchaus nicht gleichgestellt werden. Die Mobilisation des Bodens — behaupten die Vertreter dieser Anschauung — ist gewaltsam geschaffen worden, und zwar mit Hilfe der Gesetzgebung des 19. Jahrhunderts; sie bestand in der Abstrahierung des Wertes des Grundbesitzes und in der Mobilisation dieses Wertes, hauptsächlich mit Hilfe des Bodenkredits.

Der Fortschritt der Landwirtschaft sagen sie weiter — ist nur bei einer längeren Dauer des Besitzes und der Nutznießung des Bodens möglich.

Der Umfang des Bodens kann nicht vergrößert werden und darf deshalb der Grundbesitz nicht in wenigen Händen konzentriert werden.

Schließlich — behaupten sie — unterliegt der Wert des Bodens anderen Gesetzen als der Wert der vom Menschen geschaffenen Waren.

Infolgedessen erfordert der Grundbesitz seine besonderen, den Eigenheiten des Bodens entsprechenden Gesetzesbestimmungen, die er mit den frei produzierbaren Waren nicht gemeinschaftlich haben kann. Dieser neue Standpunkt ist von Professor Adolph Wagner in folgenden Worten sehr glücklich zusammengefaßt worden: „Der Grundbesitz ist keine rein wirtschaftliche, sondern eine historische Kategorie." Indem sich der Bodenbesitz auf die wirtschaftliche Zweckmäßigkeit und den gemeinschaftlichen Nutzen basiert, kann er nicht als ein rechtliches Institut mit einem und demselben zu allen Zeiten unveränderlichen Inhalt betrachtet werden, sondern er wechselt je nach den Anforderungen des gesellschaftlichen Interesses, je nach den Orts- und

Zeitverhältnissen seine Form und seinen Inhalt. Somit haben sich zur Zeit sowohl die Wissenschaft als auch die Gesetzgebung gegen die Freiheit der Mobilisation aufgelehnt. Das hat in Westeuropa alsbald zu Reformen und Maßnahmen geführt, welche die Beschränkung des Verfügungsrechts der Grundbesitzer bezweckten, und zwar die Einschränkung der Zersplitterung des Bodens, der Freiheit der Vererbung und der testamentarischen Verfügung, der beliebigen hypothekarischen Belastung. Es wurden außer aller Art Beschränkungen der Mobilisationsfreiheit noch eine Reihe neuer Formen- des Immobiliarvermögens geschaffen: die Familienfideikommisse, Erb-, Übersiedelungs-, Rentengüter (Preußen: Gesetze vom 27. Juli 1890 und 7. Juli 1891), Homesteads, Anerbenrecht u. a. m. Hierher gehören auch: die Bestimmung der Minimalgröße von Grundstücken, die einer weiteren Zerstückelung nicht unterzogen werden dürfen, das Gesetz über die Abrundung des Grundbesitzes, die gesetzliche Unteilbarkeit des ländlichen Grundbesitzes, schließlich — die Maßnahmen gegen die Bodenspekulation.

In Rußland entsprach dieser Richtung das Gesetz von der Unveräußerlichkeit der bäuerlichen Anteile und die Schaffung der Kategorie der Majoratsgüter, obgleich diese beiden auf den ersten Blick einander sehr nahen Richtungen in keiner unmittelbaren Beziehung zueinander gestanden haben.

Schließlich kann auch nicht bezweifelt werden, daß die Erfolge, die die Bewegung für die Nationalisation und Vergesellschaftung des Bodens, die Propaganda der Bodenreform und die neuere Bodenpolitik der städtischen Selbstverwaltungen gehabt haben, in bedeutendem Maße dem in das Groß der Bevölkerung eingedrungenen Bewußtsein zugeschrieben werden muß, das dem völlig unbehinderten und freien Übergang des Grund und Bodens aus einer Hand in die andere endlich eine Grenze gezogen werden müsse.

Somit läßt sich die Geschichte dieser Tage im Laufe des 19. Jahrhunderts als die Verdrängung der feudalen Gebundenheit des Immobiliarvermögens durch die vollständige Ungebundenheit desselben und darauf der Freiheit — durch alle Art Beschränkungen in Kürze zusammenfassen. Unsere Zeit, und zwar von dem letzten Viertel des verflossenen Jahrhunderts ab, läßt sich als die Zeit der Reaktion gegen den Gedanken der vollen Freiheit am Grundbesitz kennzeichnen. In Rußland ist bis jetzt eine derartige Reaktion nicht zum Vorschein gekommen, weil die Frage der Mobilisation vor dem gesamten Agrarproblem in den Hintergrund trat. Man konnte sich dieser, zudem nicht immer klar verstandenen Frage nicht widmen, da die Beschränktheit des bäuerlichen Grundbesitzes, das Elend und der Landmangel der Bauern stets das allgemeine Interesse in Anspruch nahmen.

II. Zur Literatur [1].

Es existiert bis jetzt in der nationalökonomischen Literatur keine theoretische Abhandlung, die der Mobilisationsfrage als solcher speziell gewidmet wäre. Dieses Thema wird als kleiner Abschnitt unter den Fragen der Agrarpolitik berührt, aber sehr selten einer statistischen Bearbeitung unterzogen [2].

Obgleich die Erforschung der im westlichen Europa vorkommenden Erscheinungen der Zerstückelung und der Konzentration des Bodenbesitzes, seiner Versteifung, Verschuldung, der Arten seines Überganges u. dgl. m. sehr weit fortgeschritten ist, finden wir fast nirgends eine spezielle statistische Bearbeitung der Mobilisationsfrage. Der größte Teil der entsprechenden Angaben erscheint bei der Untersuchung der verschiedenen Fragen des Bodenbesitzes oder der allgemeinen wirtschaftlichen Lage des Landes als neben-

---

[1] Die Literaturübersicht ist aus Gründen der Zweckmäßigkeit der russischen Originalausgabe gegenüber stark verkürzt.

[2] Eine angenehme Ausnahme bildet das neue Werk von J. Croner, Der Grundbesitzwechsel in Berlin und seinen Vororten. Berlin 1906.

sächliches Material. Es macht das keine besonderen Schwierigkeiten, da die genaue Registrierung des Bodenfonds, der Kataster, das Hypothekensystem als auch der hohe Wert der allgemeinen industriellen Zählungen, Schätzungen usw. eine leichte und rasche Feststellung und Berechnung aller in Frage kommenden Daten ermöglichen.

Besonders leicht wird diese Aufgabe bei der Benutzung der Materialien für Belgien und England, einigermaßen bezieht sich das auch auf Frankreich, Dänemark, Holland und die Vereinigten Staaten von Amerika. Schwieriger ist die Lage in Deutschland, wo eine allgemeine für das ganze Reich kombinierte Mobilisationsstatistik fehlt uud wo die Fragen über den Übergang des Bodenbesitzes nur in einzelnen Bundesstaaten, wie z. B. in Sachsen, eingehend studiert werden[1]. In den anderen Bundesstaaten, wie z. B. im Herzogtum Mecklenburg-Schwerin, werden nur einzelne Fragen der Mobilisationsstatistik erforscht[2].

III. Zur Theorie.

Trotz der himmelschreienden Mängel der russischen Grundbesitzstatistik ist die Mobilisation in Rußland ziemlich gut erforscht. Diese Arbeit faßt ein sehr umfangreiches statistisches Material zusammen, ein Material, das in seiner Art einzig dasteht.

Unter der „Mobilisation" des Grundbesitzes versteht man gewöhnlich den Prozeß seines freien Überganges unter der Geltung bestimmter Agrarverhältnisse. In der euro-

---

[1] Siehe Edm. Steglich: Beiträge zur Statistik des Grundeigentums, in der Zeitschrift des Königl. Sächsischen Statistischen Bureaus, 38. Jahrg. Dresden 1892, Heft I und II.

[2] So ist hier die Frage von den Preisen der Rittergüter für einen für die gegenwärtige Statistik enormen Zeitabschnitt erforscht worden, und zwar vom Jahre 1770 bis 1878, die Frage von dem Wert dieser Güter von 1770 bis 1854. Siehe 2. Heft des I. Bandes und Hefte 3 und 4 des IX. Bandes der Beiträge zur Statistik Mecklenburgs. Schwerin 1880.

päischen Literatur existiert eine Reihe wissenschaftlicher Definitionen der Mobilisation, als einer Erscheinung des neuen wirtschaftlichen Lebens Europas. Es gibt nur eine verhältnismäßig gelungene Begriffsbestimmung der Mobilisation, die dem Professor M. Sobolew von Tomsk gehört. Sie lautet: Unter der Mobilisation des Grundbesitzes versteht man die Prozedur des freien und unbeschränkten Überganges des Bodens von einem Eigentümer zum anderen." „Die Freiheit" — fügt Prof. Sobolew hinzu — „besteht in der Befugnis, das Grundstück ganz oder teilweise nach Ermessen zu veräußern, testamentarisch darüber zu verfügen und dasselbe mit Hypothekenschulden zu belasten"[1]. Diese Definition scheint uns zu allgemein zu sein, was auch für die folgende Begriffsbestimmung des deutschen Gelehrten Bülau gilt: Unter dem Begriffe des freien Verkehrs mit Grund und Boden verstehe ich zunächst denjenigen Zustand, in welchem weder Recht noch Gesetze, noch öffentliche Einrichtungen es hindern, daß eine solche Trennung der zum Landbaue bestimmten Grundstücke von einander, eine solche Teilung derselben in einander und eine solche Vereinigung mit einander stattfinde, die sich einzig und allein nach dem freien Willen der Eigentümer richtet"[2]. Diese Definition wäre als gelungen zu betrachten, wenn Bülau die übliche Form des Überganges von Bodenbesitz, nämlich den Kauf, nicht außer acht gelassen hätte.

Schließlich gibt es eine Definition von Kosegarten, welche einen prägnanteren ökonomischen Charakter hat. Dieselbe lautet: „Unter Mobilisierung des Landeigentums versteht man, daß es gleich den beweglichen Gütern, dem gänzlich freien Verkehr überlassen, ebenso wie diese, als Gegenstand des Tausches und Handels zirkuliere, zur rollenden Ware werde, mithin auch den Wirkungen der be-

---

[1] Prof. M. Sobolew, Mobilisation des Grundbesitzes und die neue Richtung der Agrarpolitik in Deutschland. M. 1898.
[2] Bülau, Der Staat und der Landbau, S. 21. Zitiert nach Sobolew, Mobilisation usw., S. 1.

wegenden Kraft alles Tauschverkehrs, der Geldkraft . . . bloßgestellt sei" [1].

Die Mobilisation kann von verschiedenen Standpunkten definiert werden, und zwar vom historischen, rechtlichen und wirtschaftlichen Gesichtspunkt. Historisch ist die Mobilisation die neueste Entwicklungsform des Eigentums, die allmählich unter der Einwirkung einer Reihe rechtlicher und sozialer Ursachen sich gebildet hat und zu dem früheren gebundenen, immobilen Zustande im Gegensatz steht. Vom rechtlichen Gesichtspunkt betrachtet — ist die Mobilisation — die Befugnis des Besitzes nach seinem Ermessen und ohne jede Einschränkungen Grundstücke zu erwerben und zu veräußern, zu teilen und zu vereinigen. Wirtschaftlich ist die Mobilisation des Immobiliarvermögens das Ergebnis der Anwendung des Grundsatzes des wirtschaftlichen Liberalismus auf die Agrarverhältnisse und — andererseits — eine Folgerung aus der Gleichstellung des Bodens mit gewöhnlicher Ware.

Somit würde ich die Mobilisation als jene typische freiheitliche Erscheinung des Marktverkehrs als auch der Teilung und Vereinigung der Immobiliarvermögen bezeichnen, deren Ergebnis in der Form von besonderen rechtlichen und wirtschaftlichen Verhältnissen zum Vorschein kommt, welche den Grundbesitz in eine gewöhnliche Ware verwandeln.

Die Erforschung der Mobilisation wird dadurch erschwert, daß eine vollständige, unbegrenzte Mobilisation nirgends existiert, noch existiert hat. Sie ist auch in Rußland nicht zu finden. Überall nähert sich die Mobilisation nur einigermaßen ihrer Vollendung. Obgleich die allgemeine

---

[1] Kosegarten, Betrachtungen über die Veräußerlichkeit und Teilbarkeit des Landbesitzes, S. 52. Zitiert ebenda, S. 1. Diese beiden Definitionen bezeichnet Sobolew als die „einzigen, die er hat finden können," die „das Wesentliche der Erscheinung treffen, jedoch zu weitschweifig und zu unklar formuliert sind." Darin kann man ihm jedoch nicht beitreten, da diese Begriffsbestimmungen, besonders die von Kosegarten, dem Wesen der Frage viel näher treten, als die von Sobolew gegebene.

gegenwärtige Lage des Grundbesitzes sich durch die Mobilisation kennzeichnet, ist die letztere dennoch nirgends folgerecht durchgeführt worden, ebensowenig bildet sie irgendwo das einzige Merkmal des Grundbesitzes. Die erste wesentliche Beschränkung finden wir in den Grenzen des Bodenareals, das dem Mobilisationsprozeß zugänglich ist. In Westeuropa scheiden die Grundbesitztümer des Staates, der Gemeinde, der Körperschaften und der Verkehrswege aus und können dieselben nicht zu Objekten der Mobilisation werden, derselben werden nur die privaten Ländereien überlassen. Was diesen privaten Grundbesitz anbelangt, so ist zwar sein Umfang recht bedeutend, aber er muß sich auch einige Beschränkungen gefallen lassen: die Homesteads-, die Renten-, Majorats- und Minoratsgüter bilden in Westeuropa einzelne unbewegliche Inselgruppen im Meere der gegenwärtigen Zirkulation der Immobiliarvermögen.

In Rußland besteht eine noch größere Anzahl solcher Beschränkungen. Die Fläche des privaten Grundbesitzes wird durch die Domänen-, Apanagen-, Kirchengüter u. dgl. m. in bedeutendem Maße eingeschränkt. Auch der private Grundbesitz weist recht große Ausnahmen auf, und zwar befinden sich an erster Stelle — der bestimmte Bodenfonds, das bäuerliche Anteilland, an zweiter — die Fideikommisse, Majoratsgüter und andere Arten von Grundbesitz, die nur in genau bestimmten Fällen mobilisiert werden dürfen und deren Umfang bis jetzt noch nicht festgestellt ist. Es lassen sich indessen auch innerhalb dieser beiden Gruppen, wenn auch verdunkelte Mobilisationsprozesse beobachten. Die gegenwärtige Abtretung der Grundstücke bei den Bauern, der Übergang des Bodens bei den Umteilungen, d. h. die Pacht der mannigfaltigen Arten des Nutzungsrechtes allein — das sind alles, wenn auch unvollständige oder verdeckte, Erscheinungen desselben Mobilisationsprozesses.

Somit existiert außer der sichtbaren, rechtlich sicher gestellten Mobilisation (der Mobilisation sozusagen des Eigentumsrechts) noch eine verdeckte Mobilisation, die meistenteils durch keine rechtlichen Urkunden legalisiert ist, — die mit der Zession des Nutzungsrechtes verknüpfte Mobilisation. Außerdem muß in der ersten Gruppe dem Übergang des Grundbesitzes im Erbgange ein ganz besonderer Platz eingeräumt werden. Man kann diese Art Fälle nicht zu dem Übergange gegen bares Geld rechnen, aber es können derartige Übergänge nicht umgangen werden und sie müssen mit den anderen Arten des Überganges des Vermögens verglichen werden. Dabei kann man, wie es mir scheint, sich von folgenden Erwägungen leiten lassen. Die Mobilisation des Grundbesitzes im Erbgange ist zugleich mit dem Institut des Privatrechts am Grund und Boden zum Vorschein gekommen. Als eine Begleiterscheinung des Wechsels der Generationen ist sie stets vorhanden, selbst zur Zeit der äußersten Unbeweglichkeit des Grundbesitzes, zur Zeit der strengsten Durchführung seines ständischen Charakters. Mit der Entwicklung des Geldwesens ist diese Art der Mobilisation zweifellos vom Kauf und Verkauf allmählich zurückgedrängt worden, und wir sind zur Zeit Zeugen einer langsamen, aber sicheren Beseitigung der einen Form durch die andere. Ein besonderer Platz müßte wohl der Statistik der Mobilisation des städtischen Grundbesitzes eingeräumt werden, da hier zweifelsohne Einflüsse von einer ganz anderen Art und einer anderen wirtschaftlichen Bedeutung zutage treten würden.

Zweiter Teil.
Die Mobilisation des Grundbesitzes in Rußland.

A. Quellen und Organisation der Erhebungen.
I. Feststellungen des Finanzministeriums.

I.

Die Organisation dieser Statistik begann ganz zufällig. Es hatte sich herausgestellt, daß die allgemeinen Nachweise, betreffend den Übergang des Grundbesitzes, welche von den Notaren der statistischen Abteilung des Justizministeriums zugestellt wurden, für die statistische Bearbeitung sich als durchaus untauglich erwiesen hatten, und daß die übrigen Angaben, d. h. diejenigen, welche für einzelne Gouvernements und Jahrgänge von den Landschaften gesammelt wurden, als auch diejenigen, welche vom Ministerium des Innern im „Wremennik" des Zentralen Statistischen Komitees, Jahrg. 1899 Nr. 11, veröffentlicht worden sind, und welche die nach Kreisen eingeteilten und für die Kommission von Plehwe gesammelten Angaben über 46 Gouvernements für die Jahre 1882 und 1887 enthalten, zu fragmentarisch sind, um irgend welche wissenschaftliche Ausnutzung zu erlauben. Da aber das entsprechende Material durchaus notwendig war, sah sich unsere herrschende Bureaukratie in der Mitte der 90er Jahre gezwungen, die „schnellste" Methode zur Berechnung der erforderlichen Angaben „herauszufinden". Dem Gedanken eines erfindungsreichen Mitgliedes des Rates des Finanzministeriums (L. P. Birkin) zufolge, wurden die Bekanntmachungen der Notare über den Übergang von Grundstücken, welche laut dem Gesetz von 1832 in der Abteilung III der Senatsnachrichten abgedruckt werden, der statistischen Bearbeitung zugrunde gelegt. So entstand die durchaus eigentümliche Statistik der Bewegung des Grundbesitzes in Rußland, welche nach der Zahl der von ihr umfaßten Fälle alle Statistiken Europas übersteigt und trotz aller ihrer Mängel, welche hauptsächlich von den Fehlern des Rohmaterials (der Bekanntmachungen) abhängen, dennoch das Material für sehr wertvolle Schlüsse über das Schicksal unseres Grundbesitzes liefert.

Das Bedürfnis der regierenden Kreise nach einer solchen Art statistischer Angaben entstand auch ganz zufällig, und zwar auf folgende Weise, die für die Sitten unserer Bureaukratie so ungemein charakteristisch ist.

Als im Jahre 1895 die vereinigten Departements des Reichsrats sich in ihren Sitzungen mit dem Gesetzentwurf eines neuen Statuts der Bauernagrarbank befaßten, welcher von dem damaligen Finanzminister dem Reichsrat vorgelegt worden war, entspann sich unter den Mitgliedern des Reichsrates eine heftige Diskussion über die Möglichkeit einer schädlichen Einwirkung der Tätigkeit der Bauernbank auf den Grundbesitz der anderen Stände und an erster Stelle — auf den des Adels. Die Verteidiger des Adels suchten zu beweisen, daß die Tätigkeit der Bauernbank den „ersten Stand des Reiches" seines Grundbesitzes berauben würde und daß die neuen Statuten der Bank nichts als eine verhüllte Expropriation des Bodens im Interesse der Bauern (Umteilung des Schwarzen") darstelle. Der Minister verteidigte seine Vorlage und behauptete, daß die allgemeine Mobilisation des Grundbesitzes den möglichen Umfang der künftigen Tätigkeit der Bank bei weitem überrage. Man wollte zu Zahlen greifen, sich von dem Umfang der Mobilisation vergewissern, doch das entsprechende Material war nicht vorhanden.

Da wurde einem von den flinkeren Beamten des Departements der Auftrag gegeben, umgehend eine Erkundigung darüber einzuziehen; die Sache aber zog sich in die Länge, doch waren auch die ersten eingelaufenen Angaben von hervorragendem Interesse. Die Arbeit wurde fortgesetzt, zu welchem Zwecke spezielle 9000 Rubel angewiesen wurden, die man auf Befehl von Witte dem berühmten 12 Millionen-Fond entnahm, welcher für Auslagen, die von dem Etat nicht vorausgesehen waren, dem Finanzministerium alljährlich verabfolgt wurde. So entstand unsere in ihrer Art einzeln dastehende Statistik der Bewegung des Grundbesitzes, die durch eine Schicksalsfügung nicht in dem Ministerum des Landbaues, sondern in dem zu jener Zeit allumfassenden Finanzministerium untergebracht wurde.

Dem anfänglichen Plane zufolge, der von Birkin vorgeschlagen und von Witte bestätigt wurde, sollten erstens — zwei beliebige, womöglich von einander entfernte Zeitpunkte gewählt, die Verteilung des Grundbesitzes unter den verschiedenen Ständen zu diesen beiden Momenten festgestellt und miteinander verglichen werden; zweitens sollte der ganze Entwicklungsgang des Überganges und der Teilung des Grundeigentums in irgendeinem begrenzten Gebiet des Reiches und innerhalb eines begrenzten Zeitabschnittes eingehend erforscht werden. Um den ersten Teil der Arbeit auszuführen, beabsichtigte man von den Kameralhöfen Auszüge aus den Steuerregistern (auf Kartenblättern zwecks statistischer Bearbeitung) zu beziehen und die Ergebnisse mit den Zahlenangaben der Erhebung über den Grundbesitz, welche im Jahre 1877 von dem Zentralen Statistischen Komitee ausgeführt worden war, zu vergleichen. Um den zweiten Teil der Aufgabe zu lösen, gedachte man die in den Grundbüchern der Obernotare und in den Akten der Agrarbanken enthaltenen Angaben zu verarbeiten. Jedoch mußte vorher der Wert des Materials, welches man zu benutzen gedachte, klargestellt werden. Zu diesem Zwecke verglich man die Angaben über den Grundbesitz, welche vom Zentralen Statistischen Komitee in den Jahren 1877 und 1878 angesammelt waren, mit den Zahlen, welche im Jahre 1879 von den Kameralhöfen eingelaufen waren und vom Departement der direkten Steuern im Sonderdruck als „Statistische Daten über direkte Steuern" (St. Petersburg 1893) herausgegeben worden sind. Jedoch war das Ergebnis dieses Vergleiches ein überaus trostloses. Es stellte sich heraus, daß in 49 Gouvernements des europäischen Rußlands, auf welche sich die Erhebung des Statistischen Komitees der

Jahre 1877 bis 1878 erstreckte, im ganzen 481358 Privatbesitzer vorhanden werden, die Zahl aber der privaten Landgüter in denselben Gouvernements, jedoch nach den Angaben, welche dem Departement der direkten Steuern im Jahre 1879 von den Kameralhöfen zugestellt worden waren, nur 324738 ausmachte. Es war also die Anzahl der Besitzer im Jahre 1877 bis 1878 um 48 % größer, d. h. beinahe anderthalbmal so groß als die Zahl der Landgüter im Jahre 1879, laut den Angaben der Kameralhöfe. Das will besagen, daß für ein Drittel der Besitzer, welche vom Statistischen Komitee gezählt waren, in den Mitteilungen der Kameralhöfe jegliche Angaben über den Besitz fehlten. Nach den einzelnen Gouvernements ist die Zahl der fehlenden Landgüter laut den Angaben der Kameralhöfe im Vergleich zu den Zahlen des Statistischen Zentralkomitees noch größer wie aus der folgenden Zusammenstellung zu ersehen ist:

Gouvernements.	Anzahl der Besitzer nach den Angaben des SZ.-Komitees.	Anzahl der Landgüter nach den Angaben der Kameralhöfe.
Archangelsk	2 878	13
Perm	441	156
Kostroma	21 620	11 157
Kaluga	10 653	5 960
Wolynien	13 148	5 164
Wladimir	15 193	7 712
Kursk	24 012	14 590
Taurien	11 701	4 950
Twer	31 616	14 543
Moskau	9 210	5 224
	140 472	69 464

Dieses durchaus sinnlose Ergebnis des Vergleiches der beiden „Quellen" ließ erkennen, daß es unmöglich war, die Kameralhöfe mit der Herstellung der Karten über den Grundbesitz zu beauftragen und Mittel für deren Bearbeitung zu verausgaben, ohne einen Versuch zu machen — wenn auch für einige Gouvernements —, die Hauptgründe einer solchen Differenz der aus verschiedenen Quellen stammenden Angaben festzustellen. Die darauf auf Veranlassung des Finanzministers erfolgte spezielle Untersuchung an Ort und Stelle in fünf Gouvernements (davon in drei landwirtschaftlichen) ergab, daß: 1. die Führung der Listen des privaten Grundbesitzes in den verschiedenen Gouvernements und in den verschiedenen Kreisen eines und desselben Gouvernements durchaus nicht einheitlich gestaltet war und 2. daß die vorliegenden Grundbesitzlisten der Kameralhöfe und der Landschaftsausschüsse keine Angaben über den Grundbesitz liefern konnten, welche mit den Angaben des berüchtigten Statistischen Zentralkomitees sich irgendwie vergleichen ließen. Der Hauptunterschied in der Zählung der Steuereinheiten, wie sie von dem Statistischen Komitee und andererseits von den Steuerbehörden vorgenommen wird, bezieht sich: 1. auf die Grundstücke, welche den gemeinschaftlichen Besitz mehrerer Personen bilden oder aus einem solchen Besitz entstanden sind; 2. auf die bäuerlichen Anteile, bei denen das Loskaufsdarlehen vor der gesetzlichen Frist zur Auszahlung gelangt ist; 3. auf den Hofbesitz, der von den Bauern auf Grund des Art. 15 Ziffer 5 des Gesetzes über die Staatsbauern verkauft wurde.

Was die Ländereien anbelangt, welche gleichzeitig mehreren Personen gehörten, so hielt sich das Statistische Zentralkomitee, wie aus dem Vorwort zum 1. Heft der Statistik des Grundbesitzes" zu ersehen ist, an folgende Bestimmungen: „Die Mitbesitzer — seien es Verwandte oder einander fremde Personen, wurden für einen Besitzer gezählt, mit Ausnahme der Teilnehmer jener Gesellschaften, welche von den Bauern zum Zwecke des Ankaufs von Grundstücken in privaten Besitz gebildet werden: jeder von diesen Teilnehmern wurde als besonderer Besitzer desjenigen Grundstückes betrachtet, welches in den Originallisten neben seinem Namen angegeben war; wenn aber in in denselben nur der gesamte Umfang des Landes für alle Teilnehmer der Gesellschaft angegeben war, so wurde dieses

Quantum unter allen Teilnehmern gleichmäßig verteilt. Wie das Komitee erklärte, „war diese Verteilung solcher Ländereien unter den besitzenden Gesellschaftern deswegen ausgeführt worden, weil den Beobachtungen an Ort und und Stelle zufolge die Bauern unmittelbar nach dem Ankauf der Grundstücke auf gemeinschaftliche Kosten dieselben in Anteile zerlegen, welche von ihnen als persönliches Eigentum eines jeden Gesellschafters betrachtet werden: übrigens benutzen sie dieselben zuweilen auch als Gemeindebesitz." Die Behörden, welche mit der Führung der Steuerlisten betraut sind, d. i. die Kreisausschüsse der Landschaften und die Kameralhöfe halten sich meistenteils an ein anderes System, wobei in den Steuerregistern diejenigen Angaben über die Mitbesitzer fehlen, welche für die Berechnungen nötig wären, die der des Statistischen Zentralkomitees gleichkommen könnte. Gewöhnlich wird im Steuerregister kurz bezeichnet: „Gesellschaft der Bauern des Dorfes so und so" oder „der und der mit seinen Gesellschaftern" Wenn man also die einzelne Aufzählung der Anteile beim Kollektivbesitz unterläßt, so erhält man Angaben, welche sich mit den Zahlen des Statistischen Komitees überhaupt nicht vergleichen lassen.

Die Bedeutung des erwähnten Umstandes ist aus folgender Berechnung mit Leichtigkeit zu ersehen: der Bericht der Bauernagrarbank für den Jahrgang 1895 teilt mit, daß während der ganzen bisherigen Existenz der Bauern 8509 Gesellschaften, bestehend aus 174 897 Hauswirten mit 535 195 Familienmitgliedern beiderlei Geschlechts durch die Vermittlung der Bauernbank sich Land beschafft haben. Wenn man die Zählungsmethode des Statistischen Zentralkomitees benutzt, so werden diese Gesellschaften 174 897 Landgüter darstellen, indes ist ihre Anzahl in den Steuerregistern als 8509 angegeben. Ein kolossaler Unterschied!

Nun machen die Gesellschaften, die sich mit Hilfe der Bauernbank Land ankaufen, nur einen geringen Teil der Gesamtzahl der Käufe aus, die auf gemeinsame Kosten ausgeführt werden und in der Bauernschaft recht stark verbreitet sind. Nach den Berichten der Notare war die Zahl der von den Bauern ausgeführten kollektiven Käufe in dem Jahre 1893 allein gleich 3982, ungerechnet der Ankäufe der Dorfgemeinden und solcher, an welchen die Bauern zugleich mit Kleinbürgern und Vertretern anderer Stände beteiligt waren. Im ganzen aber war in den letzten Jahren die Zahl der jährlichen kollektiven Ankäufe, abgesehen von den Käufen durch die Dorfgemeinden, gleich etwa 5000 pro Jahr.

Außer der Unvergleichbarkeit dieser Angaben mit denjenigen des Statistischen Komitees gibt die Vermischung des individuellen und des kollektiven Besitzes in einer gemeinschaftlichen Kategorie „des Privateigentums" eine durchaus falsche Vorstellung von unserem Grundbesitz, z. B. von dem großen Umfang des Großgrundbesitzes in Gegenden, wo de facto der kleine Grundbesitz sich entwickelt hat. Der letztere, welcher zuweilen nur durch die Einheitlichkeit der Kaufurkunde zusammengehalten wird, ist tatsächlich durch die Familienteilungen und durch den Besitz auf Grund der Verjährung oft bereits gesprengt.

Eine andere Ursache für die widerspruchsvollen Zahlen beim Statistischen Zentralkomitee und in den Steuerregistern gibt, wie gesagt, die Zählung der Güter ab, welche sich aus den vorzeitig losgekauften Anteilen gebildet haben. Aus dem Bericht der Reichsbank betreffend die Loskaufsseparation von deren Beginn bis zum 1. Januar 1892 ist zu ersehen, daß bereits zum 1. Januar 1892 die früheren gutsherrlichen Bauern 137 548 Anteile gekauft hatten. Wenn man die nach Ablauf dieser Frist und außerdem die von anderen Kategorien der Bauern gekauften Anteile hinzuzählt, so wird deren Gesamtzahl wahrscheinlich nicht geringer sein, als 200 000. In Bezug auf die vor Ablauf der Frist gekauften Anteile hielt das Statistische Zentralkomitee folgende Bestimmungen inne: „Die Bauern, welche ihre Anteile abgesondert von der Dorfgemeinde gekauft hatten, wurden nicht als Privateigentümer angesehen und wurden ihre Anteile zu dieser Art von Eigentum nicht hinzugezählt, da diese Grundstücke meistenteils von den Gemeindefeldern nicht abgegrenzt sind; wenn aber derartige Grundstücke an Personen aus anderen Ständen oder an Bauern anderer Gemeinden veräußert waren, so wurden sie als privates Eigentum ihrer neuen Inhaber betrachtet und wurde in den Zahlenangaben über die Gemeindeländereien ein entsprechender Abzug gemacht. Dies letztere Verfahren wurde gleichfalls auf diejenigen Hofanteile der früheren Staatsbauern ausgedehnt, welche nach Ablauf von drei Jahren vom Moment der Ausstellung der Besitzurkunden Eigentum der Bauern anderer Gemeinden oder von Personen anderer Stände geworden waren."

Somit wurde ein Teil der vor Ablauf der Frist gekauften Grundstücke und der auf Grund von Kaufurkunden veräußerten Hofanteile vom Statistischen Zentralkomitee zum privaten Eigentum, ein anderer Teil zum bäuerlichen Anteilbesitz gerechnet.

Die Behörden, denen die Führung der Steuerregister obliegt, beobachten in dieser Beziehung keinerlei Einheitlichkeit, und es kamen Fälle vor, daß in einer und derselben Behörde abwechselnd bald das eine, bald das andere System angewandt wurde, so daß im Laufe von einigen Jahren die vor Ablauf der Frist gekauften Grundstücke der Rubrik des Privateigentums zugezählt wurden und auf sie separate Steuerzettel für die Staatsbodensteuer und die Semstwogebühren ausgestellt wurden; dann aber trat ein Wechsel ein und den neuen Erwerbern des Bodens wurde die Ausstellung eines separaten Steuerzettels verweigert, selbst wenn das Grundstück in den Besitz einer Person gekommen war, welche nicht zum Bauernstande gehörte. Um nach den heutigen Steuerregistern zu einer Feststellung des Bauernbesitzes zu kommen, welche den Angaben des Statistischen Zentralkomitees entspräche, müßte man überhaupt die in den Steuerregistern enthaltenen Daten bedeutend ergänzen. Der Unterschied in den Feststellungsmethoden für den Grundbesitz bezieht sich nicht ausschließlich auf den bäuerlichen Grund und Boden. So enthalten in den westlichen Gouvernements viele von Kleinbürgern besiedelte Ortschaften einen gemeinschaftlichen Steuerbogen, so daß dort, wo das Statistische Zentralkomitee hunderte kleinbürgerliche Grundbesitzer zählt, die Steuerregister der Kameralhöfe nur ein Gut rechnen. Dasselbe scheint auch für einzelne, formell nicht abgegrenzte Besitztümer von aller Art Ständen der Fall zu sein, und findet man in den Steuerregistern Posten, die nicht nur auf einige Personen, sondern sogar auf mehrere, verschiedene Namen lauten. Bei einer derartigen Sachlage sah man sich gezwungen, auf die geplante Vergleichung des Grundbesitzes für zwei voneinander entfernte Zeitabschnitte zu verzichten und die Arbeit auf ganz anderen Grundlagen aufzubauen. Dem Vorschlag Birkins zufolge wurden denn auch die Publikationen in den „Senatsnachrichten" der Arbeit zugrunde gelegt.

Der erste Versuch wurde mit der Bearbeitung der Angaben für das einzelne Jahr 1893 gemacht. Dabei stellte sich bereits heraus, daß die im Grundbesitz sich vollziehenden Veränderungen nur zu geringem Teil von der Tätigkeit der Bauernbank abhängen, daß die von dieser Bank abgeschlossenen Geschäfte ihrem Charakter nach sich von allen übrigen Geschäften bedeutend unterscheiden und, schließlich, daß sich dank diesem ersten Versuch bereits eine Reihe wichtiger Entwicklungsprozesse, die sich im russischen Grundbesitz abspielen, andeuten läßt. Das stärkte die Position des Finanzministeriums und es wurde nun beschlossen, die erhaltenen Ergebnisse zu veröffentlichen und die Arbeit weiterzuführen, welcher Beschluß am 19. Januar 1896 auch allerhöchst bestätigt wurde. Ein Beamter des Ministeriums, A. E. Reinbot, wurde mit der Angelegenheit beauftragt. Er unternahm die Bearbeitung des Materials in zweierlei Richtungen: einerseits wurden die laufenden Jahre bearbeitet, anderseits wurde eine entsprechende Arbeit für die vorangegangene dreißigjährige Periode (1863—1892) vorgenommen.

Die vier ersten Hefte — unter der Redaktion von

A. E. Reinbot — sind im Zeitraum 1896—1901 erschienen und haben folgenden Inhalt:

Heft I. „Anzahl der Verträge, Stand der Verkäufer und Käufer, Bodenpreise usw. im europäischen Rußland im Jahre 1893" (St. Petersburg 1906)[1].

Heft II. Dieselben Angaben wie in Heft I, nur für das nächste Jahr 1894 (St. Petersburg 1898).

Heft III. Dasselbe für den Jahrgang 1895 (St. Petersburg 1898).

Heft IV. Dasselbe für die dreißigjährige Periode 1863—1892, Teil 1. (St. Petersburg 1901).

Später (von 1902 bis 1906) wurde die Leitung W. W. v. Swjatlowski übertragen, welcher sowohl in der Technik als auch im Umfang und den Methoden der Bearbeitung einige Änderungen vornahm.

Innerhalb der vier Jahre wurde das Material für die dreißig Jahre 1863—1892 (2 Bände), für die fünfjährige Periode (1893—1897) und für die einzelnen neun Jahrgänge von 1893—1901) bearbeitet, so daß zur Zeit im ganzen ausführliche Angaben über die Mobilisation im Laufe von 39 Jahren vorhanden sind.

Außerdem existieren 1. allgemeine Berechnungen über die gesamte Zahl der Übergänge des Grundbesitzes, ihres Wertes und der Bodenpreise für die Jahre 1900, 1901 und 1902; 2. einzelne spezielle Berechnungen (Verträge mit Eisenbahnen, unentgeltliche Übergänge usw.) und Ergänzungen (Durchsicht der Jahre 1863—1902 einschließlich die verspäteten Angaben und die Berechnung der nach Kreisen zusammengestellten mittleren Preise usw.).

Alle diese Zahlenangaben füllen 15 Hefte der „Materialien über die Statistik der Bewegung des Grundbesitzes" aus, die aus besonderen, dem Finanzministerium angewiesenen Geldmitteln herausgegeben wurden.

---

[1] Dieses Heft wurde wegen seiner bedeutenden Mängel und der großen Anzahl von Druckfehlern eingezogen und später durch das Heft V ersetzt.

Die übrigen Hefte wurden von W. W. v. Swjatlowski redigiert und erschienen in den Jahren 1903—1907.

Davon enthalten die Hefte V, VI, XI, XII, XIV, XV und XVI Zahlen für einzelne Jahre (1893, 1896—1901), Heft VII für die dreißig Jahre 1863—1892 (Teil 2), Heft X Angaben über Expropriation und Verkauf von Grundstücken an Eisenbahnen in den Jahren 1897 und 1898, Heft XIII die mittleren Bodenpreise für die Jahre 1863 bis 1902. In die Tabellen des letzten Heftes sind alle Ergänzungen, Berichtigungen und von den Notaren zu spät eingelaufenen Mitteilungen eingeschaltet worden, was die Durchsicht des ganzen Materials vom Jahre 1863 bis zum Jahre 1902 inkl. ermöglicht hat. Zu gleicher Zeit aber sind die zusammengesetzten Tabellen des Heftes XIII mit den Tabellen der vorangegangenen Hefte schlecht vergleichbar geworden, was selbstverständlich als ein bedeutender Mangel der „Materialien" betrachtet werden muß.

Nach 1906 wurden für die Bearbeitung des Materials keine Mittel mehr herausgegeben, die Abteilung wurde aufgelöst und wartet nun die ganze Arbeit auf ihre Wiedergeburt. Anfänglich wurde das ganze statistische Material, welches in den genannten Heften enthalten und den Bekanntmachungen der „Senatsnachrichten" entnommen ist, nach Kreisen bearbeitet. Da aber die Angaben für die Kreise zu mangelhaft waren, um Durchschnittsschlüsse zu ermöglichen, und da andererseits die dem statistischen Bureau angewiesenen Mittel zu bescheiden waren, sah man sich genötigt, zur Bearbeitung nach ganzen Gouvernements überzugehen. Der Inhalt der Bekanntmachungen wurde auf Karten übertragen und geprüft, und alle zweifelhaften Angaben wurden an die Obernotare abgeschickt zum Zwecke der Berichtigung nach den in ihren Archiven enthaltenen Originalakten. Nach Einlauf der Berichtigungen wurde der Gesamtumfang des Bodens, sein Wert und seine mittleren Preise festgestellt und darauf das Material nach der Standesangehörigkeit der Verkäufer und der Käufer und nach den Größenklassen der Landgüter gruppiert. Je allgemeiner die statistischen Ergebnisse waren, desto richtiger waren sie, denn ihre Mängel, die mit der Qualität des Rohmaterials und mit den Methoden seiner Berichtigung eng verbunden waren, wurden hierbei beseitigt oder mehr oder weniger ausgeglichen. Die evidente Unzulänglichkeit einer derartigen Sachlage führte zu einer Reihe durch Vermittelung des Finanzministeriums an den Justizminister gerichteter Anträge, die Notare möchten alle für die Erforschung der Mobilisation nötigen Mitteilungen **unmittelbar** dem statistischen Bureau zusenden. Aber alle diese Versuche scheitern an der definitiven Weigerung des Justizministers, welcher die befürwortete Methode als „für die Herren Notare zu beschwerlich" erklärte.

So ist also diese besondere Statistik der Übergänge des Grundbesitzes, die ihrer Organisation nach nur ein Ersatzmittel für eine wissenschaftlich organisierte Mobilisationsstatistik abgeben kann, entstanden und durchgeführt worden. Ihren Grundfehler bildet die Geringwertigkeit des Rohmaterials[1], ihren Hauptwert — der große Umfang und

---

[1] In meinem Vorwort zum Heft 7 der „Materialien" habe ich schon darauf hingewiesen, daß, „wenn man zur Bewertung des zum Druck gelangten Materials übergeht, man zu allererst bemerken muß, daß die Verfasser sich durchaus der Unzulänglichkeit des zugrunde gelegten Materials, auf dem die ganze statistische Arbeit aufgebaut ist, bewußt sind." „Um damit zu beginnen, ist die ursprüngliche Karte, die Urquelle des Materials, nicht das Ergebnis einer systematischen Beobachtung, einer besonderen laufenden Registration, sondern das Produkt eines eigenartigen Versuchs, das Fehlen einer solchen Registration der Bewegung des Grundbesitzes zu umgehen. Somit ist dieses Rohmaterial, vom streng wissenschaftlichen Standpunkt betrachtet, mangelhaft. Abgesehen davon stimmen die Angaben, welche von den Obernotaren dem Statistischen Bureau des Justizministeriums eingesandt werden (diese Angaben werden vom Jahre 1884 ab in der Sammlung der statistischen Nachrichten des Justizministeriums in zwei Teilen veröffentlicht, wovon der erste das europäische, der zweite das asiatische Rußland umfaßt), mit den Zahlen der „Senatsnachrichten", wie sie vom Departement der direkten Steuern verarbeitet sind, nicht überein. Der Unterschied zwischen den Daten ist ziemlich bedeutend, und es werden in einem der nächsten Hefte der „Materialien" die parallelen Berechnungen der beiden

die lange Dauer der Beobachtungen, die von keiner der westeuropäischen diesbezüglichen Statistiken erreicht worden sind.

Außerdem liefert die Berechnung der Zahl der Über-

Behörden angeführt und wird der Versuch gemacht werden, sich den tatsächlichen Zahlen nach Möglichkeit zu nähern. Da die Zahlenangaben der Statistischen Abteilung des Justizministeriums die Zahlen, welche den „Senatsnachrichten" entnommen sind, übertreffen, so kann man mit Bestimmtheit behaupten, daß nicht alle Verträge, welche von den Obernotaren bestätigt werden, zur Veröffentlichung in den Senatsnachrichten gelangen. Jedoch sind auch die notariellen Mitteilungen, wie sie dem Justizministerium vorgelegt werden, für die Zwecke, die von Anfang an vom Finanzministerium angestrebt wurden, im höchsten Grade unbefriedigend. Die Notare teilen nur die Gesamtzahl und -summe der Rechtsgeschäfte einer jeden Kategorie mit; was aber die Standesangehörigkeit der Käufer und Verkäufer, als auch die Fläche der mobilisierten Grundstücke anlangt, so gehen diese Daten für die Registration gänzlich verloren. Außerdem sind die notariellen Angaben auch in der Beziehung unbequem, als nach denselben aus den Gesamtsummen für die einzelnen Kreise die Ortschaften nicht ausgeschieden werden können, welche von der Redaktion der „Materialien" zu den Städten gerechnet worden sind, also somit eine richtige Feststellung des landwirtschaftlichen und des besiedelten Grundbesitzes auch annähernd sich nicht erreichen läßt. Abgesehen aber von der Mangelhaftigkeit des Gesetzes über die notariellen Bekanntmachungen (die zugleich die Rolle von Berichten spielen) weisen die Bekanntmachungen selbst eine Reihe von Lücken, Druck- und verschiedenen Korrekturfehlern auf. Ein Teil derselben ist auch sicherlich in das Material, welches auf Grund solcher Publikationen zusammengestellt worden ist, übergegangen.

„Weiterhin muß bemerkt werden, daß unter den Senatspublikationen eine nicht geringe Zahl solcher zu finden ist, die sich überhaupt nicht bearbeiten lassen, da in denselben die Angaben über den Umfang des Bodens und seinen Wert fehlen. Die Gesamtzahl solcher Bekanntmachungen im Laufe von 30 Jahren erreicht die bedeutende Größe von 40 000 Fällen, obgleich eine Reihe der wesentlichsten Lücken (wie etwa über den Umfang und Wert des veräußerten Besitzes) auf Verlangen der Leiter dieser Arbeit ausgefüllt worden ist. Der Gang der Arbeit wurde auch durch den Umstand beeinflußt, daß die ergänzenden Listen der Notare öfters zu spät kamen oder sogar noch weitere Ergänzungen erforderten ... Somit sind etwa 7—8% aller Verträge in dieser Bearbeitung nicht enthalten." (Materialien über die Statistik der Bewegung des Grundbesitzes, Heft VII S. IX.)

gänge an und für sich, ohne mit dem Umfang des Bodenfonds verglichen zu werden, nichts Endgültiges und muß der Prozeß der Übergänge ganz ohne jegliches statistische Material erforscht werden, da vom Moment der letzten Untersuchung (1887) schon über 15 Jahre vergangen sind und die Ergebnisse dieser Untersuchung als sehr veraltet angesehen werden müssen.

Bei einer derartigen Sachlage stellt die vorhandene Statistik der B e w e g u n g des Grundbesitzes ein bedingt wertvolles Material dar, dessen Bedeutung erst dann sich heben wird, wenn eine durchaus solide Untersuchung der Statistik des Grundbesitzes ausgeführt werden wird. Wie aber dem auch sei, ist die vorhandene Statistik der Bewegung des Grundbesitzes (außer den fragmentarischen Angaben der Statistik der Landschaften) dennoch vorläufig die einzige Quelle, welche in das dunkle Gebiet der Mobilisation in Rußland hineinleuchten kann. So gestattet sie z. B. einige ganz neue Tatsachen festzustellen, welche den üblichen Vorstellungen durchaus nicht entsprechen. Man könnte hier beispielsweise anführen, daß — wie es sich bereits bei dem Beginn der Arbeit herausgestellt hat — die Hauptkäufer der Güter des Adels nicht ausschließlich aus der Kaufmann- und Bauernschaft sich rekrutieren, wie man es sich gewöhnlich vorstellt, sondern auch aus den Reihen des Adels selbst. Es ist also durchaus wünschenswert, mit dieser Art von Feststellungen fortzufahren; wenn aber die Statistik der Bewegung des Grundbesitzes zu möglichst glaubwürdigen, vollen und eingehenden Ergebnissen führen soll, muß sie auch womöglich solid und rationell gestaltet sein.

Ich werde mich hier nur auf einige allgemeine Bemerkungen über die technische Gestaltung der Statistik der Bewegung des Grundbesitzes beschränken:

1. Das Urmaterial muß von den Notaren unmittelbar der statistischen Abteilung laut einer besonders zu diesem Zwecke ausgearbeiteten Karte zugeschickt werden;

2. Es muß zwischen den Kauf- und den Besitzurkunden

ein Unterschied gemacht werden und muß der Umfang der Grundstücke genau bezeichnet werden. Es muß auch die Zeit der Vertragschließung und der Zeitpunkt des tatsächlichen Überganges des Besitzes unterschieden und genau vermerkt werden.

3. Man muß mittels Vergleichs mit den anderen Angaben über das Vermögen sich den richtigen Bodenpreisen zu nähern suchen. So müssen solche Umstände wie das Vorhandensein von Gebäuden oder die Kombinationen des Wiederverkaufs, welche eine Hebung der Preise ergeben, als auch die Höhe der Urkundensteuer, welche zu einer erniedrigten Wertangabe der entäußerten Grundstücke führt, in Erwägung gezogen werden. Dabei ist jedoch zu bemerken, daß nach den Berechnungen des Prof. A. Fortunatow die in den „Materialien über die Statistik der Bewegung des Grundbesitzes in Rußland" angeführten Preise um 5 % hinter den Schätzungen der Bauernbank zurückbleiben, also im großen Ganzen ziemlich brauchbar sind.

4. Landwirtschaftlich genutzte Grundstücke müssen von denjenigen, die zu industriellen und Handelszwecken verwertet werden oder aber bergbaulichen Interessen dienen, getrennt werden (wie es etwa in der österreichischen Statistik der Bewegung des Grundbesitzes gemacht wird). Das sind ganz verschiedene Typen von Grundbesitz und ist ihr Wert durchaus verschieden. Zurzeit sind sie in den „Materialien" miteinander vermengt; es muß aber noch die Frage gelöst werden, wie sie ausgeschieden werden könnten. Es müssen gleichfalls nicht nur die städtischen, sondern auch die Vorortsgrundstücke wegen ihrer besonderen Bedeutung und Wertes ausgeschieden und gesondert bearbeitet werden.

5. Der Wert der zu einem anderen Besitzer übergehenden Grundstücke muß mit ihrer Verschuldung zusammengestellt werden: sonst werden die Bodenpreise, die in den Urkunden angeführt sind, der Wirklichkeit durchaus nicht entsprechen (in der Statistik Deutschlands — ebenso in Baden, Oldenburg, Württemberg — werden Angaben über die Ver-

schuldung des Grundbesitzes angeführt, doch sind dieselben rein zufälliger Natur).

6. Das System der Registration des Umfanges der Verträge muß geändert werden. Bei der jetzigen Methode wird nicht registriert, welcher Art der Grundbesitz ist, den der Vertrag berührt, ob z. B. 30 Dessjatinen als ein Teil eines großen Gutes veräußert werden oder ob sie einen ganzen selbständigen, kleinen Grundbesitz darstellen. Und es ist gerade wichtig zu erfahren, welcher Art der Grundbesitz ist, der Teile seines Areals einbüßt, sich zersplittert, und was für ein Besitz auf seinen Ruinen sich aufbaut.

Es muß gleichfalls die Frage gestellt werden, wie groß der Umfang des Bodens ist, der dem Verkäufer nach Veräußerung des Grundstückes verblieben ist und wieviel Land, abgesehen von dem erworbenen Grundstück, im Besitz des Käufers ist. Solche Angaben haben einen großen sozialen Wert, es würde aber deren Einschaltung in die zu beantwortenden Fragebogen bedeutende Schwierigkeiten zur Folge haben.

7. Es muß gleichzeitig eine besondere Erhebung des unentgeltlichen Überganges organisiert werden. Wir haben bereits auf die besondere Bedeutung für den Grundbesitz derjenigen Veränderungen hingewiesen, welche durch den Wechsel der Generationen in der Verteilung des Grundbesitzes bewirkt werden. Die damit verknüpfte Zerstückelung des Grundbesitzes hat bereits in Westeuropa ein besonderes Erbrecht, das Anerbenrecht, geschaffen und zu einer Reihe sozialpolitischer Maßnahmen im Gebiet des Eigentums- und Nutzungsrechts auf den Boden geführt. Die statistische Bearbeitung der Zahlen über den unentgeltlichen Übergang der Immobiliarvermögen (mittels Erbnehmung, Schenkung, Teilung u. a. m.) ist für uns desto wichtiger, als wir jede mehr oder weniger befriedigende Statistik im Bereiche der privatrechtlichen Beziehungen entbehren.

8. Schließlich muß die Statistik des Grundbesitzes in eine laufende und eine feststehende geteilt werden, von

denen die erstere die Mitteilungen würde benützen können, welche von den Notaren und Kameralhöfen regelmäßig zugesandt werden, der zweiten aber ein gleichzeitig ausgeführter Kataster zugrunde gelegt werden müßte, welcher den Umfang des Landfonds Rußlands klarstellen könnte.

II.
Die Arten der Mobilisation.

Es können mehrere Arten der Mobilisation unterschieden werden: erstens kann, wie es schon angedeutet wurde, die Mobilisation verhüllt oder offenbar sein. Zweitens würde ich für richtig halten, die Mobilisation im engen Sinne des Wortes, welche durch Vermittlung von flüssigem Kapital vor sich geht („eigentliche Mobilisation") und die Mobilisation, welche die Folge einer Reihe unentgeltlicher Übergänge des Grundbesitzes aus den einen Händen in die anderen bildet („die unentgeltliche Mobilisation") zu unterscheiden.

a. Die eigentliche Mobilisation.

Zur Kategorie der eigentlichen Mobilisation gehören zwei Arten von Übergängen und zwar: 1. die sich mittelst Kaufes und Verkaufes abspielen und 2. die auf dem Wege der Subhastation zustande kommen. Auf diese zwei Arten beschränken sich alle für Entgelt sich vollziehenden Übergänge der Immobiliarvermögen.

Auf Grund des Gesetzes werden diese Übergänge in besonderen Urkunden festgelegt, und zwar in „Kaufurkunden" (für die Fälle des Kaufes-Verkaufes) und in „Besitzurkunden" (Dannaja) in den Fällen der Subhastation.

Zu gleicher Zeit schreibt das Gesetz dem Notar, welcher die genannten Urkunden ausstellt, vor, über jeden Übergang von Grundstücken, sei es auf Grund von Besitz- oder von Kaufurkunden, Bekanntmachungen in dem Abschnitt III der Senatsnachrichten zu veröffentlichen. Zu diesem Zwecke hat auch das Gesetz eine besondere Gebühr von 3 Rubeln für jede Publikation festgelegt, welche von den Kontrahenten erhoben werden.

Dieser Punkt des — beiläufig gesagt — dem Inhalt und der Form[1] nach ziemlich veralteten Gesetzes hat der statistischen Erforschung unserer Mobilisation einen bedeutenden Dienst erwiesen. Da irgendwelche Organisation der Sammlung von Daten über die Mobilisation fehlte und da die Führung der notariellen Berichte systemlos und kurz gefaßt war, wandte man sich eines schönen Tages zu den „Senatsnachrichten", als der einzigen Urquelle der Daten über alle Übergänge des Grundbesitzes. Auf diesen Daten wurde darauf eine ganze Statistik aufgebaut, über deren Organisation, Ergebnisse, Vorzüge und Mängel wir später uns äußern werden.

b. Unentgeltliche Mobilisation.

Zu dieser Art von Übergängen gehören solche, die sich mittelst: 1. Erbübergang, 2. Aussonderung, 3. Schenkung, 4. Tausches, 5. Belehnung vollziehen. Hierher können vom formellen Gesichtspunkt auch die Fälle der Konfiskation, der Sequestration, der Übergänge von erblosen Vermögen, der Okkupation u. a. m. zugezählt werden.

Die unentgeltliche Mobilisation bildet ein enormes und höchst interessantes, aber ganz unerforschtes Gebiet von Übergängen. Es kann beispielsweise nicht bezweifelt werden, daß eine eingehend ausgearbeitete Statistik des Erbüberganges

---

[1] Dieses Gesetz ist bereits im Jahre 1832 erschienen und hat es bis zur Zeit ohne Veränderungen seine Gültigkeit beibehalten, wobei es nur als Art. 229 der Gebührenordnung (Ausg. 1890) kodifiziert worden ist. Indem das Gesetz den Notaren vorschreibt, Bekanntmachungen, betreffend die Übergänge, zu veröffentlichen, fordert es nur die Angabe von rein äußerlichen Merkmalen und zwar des Namens und Standes der Kontrahenten, des Kreises, des Wertes und Umfangs des Gutes, nicht aber die Veröffentlichung von eingehenderen Daten; zugleich ist die Ausführung dieser Vorschrift durch die Notare keineswegs sichergestellt.

zu dem Verständnis wichtiger Fragen des privatrechtlichen Lebens der Bevölkerung im hohen Maße beitragen würde. Das ist sogar aus den kleinen Übersichten zu ersehen, welche auf lithographischem Wege und nicht zum Verkauf von dem Petersburger Kameralhof im Jahre 1904 veröffentlicht worden sind.

Die eigentliche Mobilisation und die unentgeltliche müssen jede besonders festgestellt, aber darauf verglichen werden, denn das gegenseitige Verhältnis derselben offenbart eine höchst bemerkenswerte Erscheinung, daß nämlich zur Zeit der Immobilität des Grundbesitzes der Wechsel der Eigentumsrechte nur in der Form von unentgeltlichen Übergängen sich vollzog und daß mit der allmählichen Befreiung des Bodens die Übergänge mittels Kaufes und Verkaufes die Fälle des „unentgeltlichen" Überganges verdrängen. Um dieses gegenseitige Verhältnis zu beleuchten, führen wir folgende Tabelle an, welche die relative Größe der Mobilisation in den Jahren 1897, 1898, 1899, 1900 und 1901 darstellt:

Gegenseitiges Verhältnis der verschiedenen Arten der Mobilisation des Grundbesitzes in Rußland in den Jahren 1897, 1898, 1899, 1900 und 1901.

Arten der Mobilisation	Anzahl der Verträge	Anzahl der Deßjatinen Tausend	Wert Tausend Rbl.
1897			
Kauf, Verkauf und Subhastation	28 710	3 141	166 963
Unentgeltlicher Übergang	9 596	2 092	90 684
Enteignungen für Eisenbahnen	2 184	8	1 695
Im ganzen	40 490	5 242	259 343
1898			
Kauf, Verkauf und Subhastation	35 077	4 478	239 615
Unentgeltlicher Übergang	9 061	1 413	90 199
Enteignungen für Eisenbahnen	2 202	9	2 085
Im ganzen	46 340	5 901	331 900

Arten der Mobilisation	Anzahl der Verträge	Anzahl der Deßjatinen Tausend	Wert Tausend Rbl.
1899			
Kauf, Verkauf und Subhastation	38 976	4 469	278 341
Unentgeltlicher Übergang	8 689	1 418	99 801
Enteignungen für Eisenbahnen	1 888	8	1 742
Im ganzen	49 553	5 896	379 884
1900			
Kauf, Verkauf und Subhastation	38 470	3 905	263 483
Unentgeltlicher Übergang	8 424	1 748	93 903
Enteignungen für Eisenbahnen	2 286	8	1 900
Im ganzen	49 180	5 661	359 286
1901			
Kauf, Verkauf und Subhastation	39 054	3 333	260 658
Unentgeltlicher Übergang	8 382	1 809	102 523
Enteignungen für Eisenbahnen	3 957	12	3 952
Im ganzen	51 393	5 154	367 133

Dasselbe in Prozenten.

Arten der Mobilisation	Anzahl der Verträge	Anzahl der Deßjatinen	Wert
1897			
Kauf, Verkauf und Subhastation	70,9	59,9	64,4
Unentgeltlicher Übergang	23,7	39,9	35,0
Enteignungen für Eisenbahnen	5,4	6,2	0,6
Im ganzen	100,0	100,0	100,0
1898			
Kauf, Verkauf und Subhastation	75,7	75,9	72,2
Unentgeltlicher Übergang	19,6	23,9	27,2
Enteignungen für Eisenbahnen	4,7	0,2	0,6
Im ganzen	100,0	100,0	100,0

Arten der Mobilisation	Anzahl der Verträge	Anzahl der Deßjatinen	Wert
1899			
Kauf, Verkauf und Subhastation	78,7	75,8	73,2
Unentgeltlicher Übergang	17,5	24,1	26,3
Enteignungen für Eisenbahnen	3,8	0,1	0,5
Im ganzen	100,0	100,0	100,0
1900			
Kauf, Verkauf und Subhastation	78,2	69,0	73,4
Unentgeltlicher Übergang	17,1	30,9	26,1
Enteignungen für Eisenbahnen	4,7	0,1	0,5
Im ganzen	100,0	100,0	100,0
1901			
Kauf, Verkauf und Subhastation	76,0	64,7	71,0
Unentgeltlicher Übergang	16,3	35,1	27,9
Enteignungen für Eisenbahnen	7,7	0,2	1,1
Im ganzen	100,0	100,0	100,0

Aus dieser Tabelle ist zu ersehen, daß erstens der unentgeltliche Übergang im gesamten Mobilisationsprozeß eine bedeutende Rolle spielt und zweitens, daß der Preis der Grundstücke, welche unentgeltlich abgetreten sind, bedeutend höher ist als die Preise der Käufe und Verkäufe. Wenn man nämlich derartige Berechnungen ausführt, so sieht man, daß die mittleren Bodenpreise beim Kauf und Verkauf 53 Rubel, beim unentgeltlichen Übergang aber im Jahre 1897 — 58 Rubel, und 1898 — ganze 85 Rubel ausmachten. Das legt den Gedanken nahe, daß die Preise der ersten Kategorie oft eine künstliche Herabsetzung erfahren. Die speziell zu diesem Zwecke an die Kameralhöfe gerichteten Anfragen ergaben ein interessantes Material für die letzten sechs Jahre (von 1898 bis 1902 inkl.), welches sich auf den unentgeltlichen Übergang in 45 Gouvernements bezog.

Unentgeltlicher Übergang in 45 Gouvernements des europäischen Rußlands.

Jahrgang	Anzahl der Übergänge	Umfang des Bodens Mill. Dess.	Wert Taus. Rbl.	Es kommen auf einen Vertrag Dess.	Durchschnittspreis einer Deßjatine
1897	9 596	2,1	90 684	218,1	43 Rbl. 40 Kop.
1898	9 061	1,4	90 199	156,2	63 „ 80 „
1899	8 689	1,4	99 801	163,3	70 „ 35 „
1900	8 424	1,7	93 903	202,9	54 „ 10 „
1901	8 382	1,8	102 523	215,9	56 „ 66 „
1902	7 436	1,4	105 444	196,2	72 „ 30 „
	51 588	9,9	582 554	191,9	58 Rbl. 84 Kop.

Hieraus ersieht man, daß die Anzahl der Übergänge verhältnismäßig konstant ist und nur eine leichte Tendenz zur Abnahme aufweist; der Gesamtumfang desjenigen Bodens, der seinen Besitzer wechselt, ist ziemlich beständig; dasselbe gilt vom Gesamtwert, der aber etwas zunimmt; der mittlere Umfang des Landes bei einem Besitzwechsel in Deßjatinen nähert sich den Daten der eigentlichen Mobilisation, wo die Durchschnittszahl für 30 Jahre 142,6 Deß. ausmacht[1]. Schließlich sind die Bodenpreise bei dem unentgeltlichen Übergang bedeutend niedriger als beim Kauf und Verkauf.

Vom 1. Oktober 1903 habe ich begonnen, mit Hilfe der Kameralhöfe die Daten der laufenden Statistik über den unentgeltlichen Übergang zu sammeln; es war aber die

---

[1] Anzahl der Deßjatinen auf 1 Kaufvertrag in 45 Gouvernements

1863—1872	183,1	(262,6—108,5)
1873—1882	164,7	(242,9—116,8)
1883—1892	107,9	(127,6— 97,8)
1863—1892	**142,6**	(262,6— 97,8)
1893—1897	116,3	(146,7— 93,1)
1898	127,7	(186,2— 93,7)
1899	114,7	(151,7— 93,9)
1900	101,5	(111,4— 95,4)
1901	85,4	(94,9— 79,9)

statistische Aufarbeitung dieses Materials zu der Zeit, wo ich diese Arbeiten leitete, noch nicht zu Ende geführt.

Außer der angeführten Unterscheidung nach den Arten der Mobilisation muß man die Übergänge des Grundbesitzes je nach ihrem Verhältnis zum Gesamtumfang des Landfonds unterscheiden. Eine Kategorie der Verträge, wie z. B. der Verkauf der Domänen- und Apanagegüter an private Personen, kann den vorhandenen Landfonds vergrößern; eine andere Kategorie, wie z. B. die Enteignungen für Eisenbahnen, Chausseen usw. kann denselben verringern. Deshalb müssen nach der Berechnung der Gesamtzahlen derartige Übergänge in eine besondere Rubrik ausgeschieden werden. An erster Stelle sind hier die Verträge mit den Eisenbahnen, sodann mit dem Fiskus, dem Apanageressort, den Kirchen, Stiften u. a. m. zu erwähnen.

a) Die Verträge mit den Eisenbahnen[1]. Diese Verträge müssen aus folgenden Gründen ausgeschieden werden: abgesehen von ihrem Zwecke nehmen die Übergänge dieser Kategorie sowohl nach ihren Bedingungen und Umgebung, als auch wegen ihrer wirtschaftlichen Bedeutung eine Sonderstellung ein. Zu allererst wird das Quantum der Ware, d. h. der Umfang der Bodenfläche, von dem Käufer selbst bestimmt. In einer Reihe von Fällen, welche von dem Gesetz betreffend die Zwangsenteignung von privaten Grundvermögen vorgesehen sind, werden auch die Preise für den Boden von dem Käufer selbst festgestellt. In einzelnen Fällen, wo die Grundbesitzer, deren Ländereien von der Eisenbahn durchschnitten werden, für deren Bau sehr eingenommen sind und sich gern bereit erklären, ihre Grundstücke für den Bahnkörper und besonders für die Bahnsteige und Stationen — öfters sogar ohne Entgelt herzugeben, übt dieser Umstand einen bedeutenden Einfluß auf die Herabsetzung der Preise aus. In anderen Fällen

---

[1] Der Versuch einer Bearbeitung derartiger Daten (für zwei Jahre: 1897 und 1898) ist in dem unter meiner Leitung verfaßten Hefte X der „Materialien über die Statistik der Bewegung des Grundbesitzes in Rußland", St. Petersburg 1903, veröffentlicht worden.

hat man mit entgegengesetzten Erscheinungen zu rechnen: die Privateigentümer suchen ihre Grundstücke den Eisenbahnverwaltungen für den höchstmöglichen Preis zu verkaufen, wobei die sich häufig dabei zeigende Unbrauchbarkeit der benachbarten Grundstücke die Preise noch weiter in die Höhe treibt.

Die Veräußerung des Grundeigentums für Eisenbahnzwecke spielt sich nicht als gewöhnlicher Verkauf ab, bei welchem der Vertrag von den beiden frei einander gegenüberstehenden Parteien abgeschlossen wird, sondern häufiger in der Form der Zwangsenteignung. Deshalb verlaufen auch die Verträge mit den Eisenbahnen unter besonderen Bedingungen, welche von einer Expropriation zu sprechen gestatten: der Käufer selbst verwandelt das Privateigentum oder den Besitz des Fiskus, in dessen ganzem Umfange oder nur teilweise in eine Ware und erwirbt es ohne irgendein entsprechendes Bedürfnis seitens des früheren Inhabers, zuweilen sogar gegen dessen ausdrücklichen Willen. Ein besonderes Interesse erwecken diese Verträge in Rußland, da unsere Eisenbahngesellschaften, die Pioniere des russischen Eisenbahnbaues, die Befugnis erhielten, private Grundstücke und Gebäude zu enteignen, wenn dieselben für die Eisenbahnen und deren Zubehör nötig und die Eigentümer dieser Liegenschaften nicht einverstanden sind, dieselben freiwillig zu zedieren. Nur Grundstücke, die dem Fiskus gehören, wofern sie nicht bebaut sind und keine gewöhnliche Einnahmequelle bilden, werden den Eisenbahngesellschaften unentgeltlich übergeben.

Deshalb stellen die Übergänge der Grundstücke an Eisenbahnen eine ganz abgesonderte Gruppe vor und müssen also bei der Bearbeitung der Statistik der Grundbesitzbewegung alle Daten über die Mobilisation des Grundeigentums, welche durch die Bedürfnisse der Eisenbahnen hervorgerufen ist, in eine besondere Rubrik ausgeschieden werden. Diese Aufgabe hatte sich eben das Heft X der „Materialien über die Statistik der Bewegung des Grundbesitzes" (St. Petersburg, 1903) gestellt. Hier werden die

Verträge in den Kreisen und in den Städten von einander getrennt, da der Wert der städtischen, überhaupt recht unbedeutenden Verträge von dem hohem Wert der städtischen Gebäude in hohem Grade beeinflußt wird [1]. Dank diesem Verfahren geben die Verträge, die in den Kreistabellen („außerhalb der Städte") angeführt sind, genauere Daten über die Landpreise als die anderen.

Die Gouvernementstabellen sind nur für diejenigen Gouvernements zusammengestellt worden, in welchen in dem entsprechenden Jahr Veräußerungen an Eisenbahnen stattgefunden haben. Solcher Gouvernements waren im europäischen Rußland im Jahre 1897—39, 1898—44 und 1899—63. Den Gouvernementstabellen folgen Zusammenstellungen für das ganze Reich und schließlich eine Tabelle mit Durchschnittszahlen. In der letzeren sind die Anzahl der Deßjatinen und der Preis, die auf einen Verkauf fallen, als auch der Durchschnittspreis einer Deßjatine berechnet. Im Jahre 1897 sind 2184 Verkäufe mit der Gesamtfläche von 8443,4 Deß. für die Gesamtsumme von 1 696 000 Rbl. registriert worden. Im Jahre 1898 waren es 2202 Fälle mit 9325,6 Deß. für die Totalsumme von 2 086 000 Rbl. Endlich im Jahre 1899 2041 Fälle, 8612,7 Deß. und 2 623 000 Rbl., im Jahre 1900 2286 Fälle, 7937,4 Deß. und 1 899 778 Rbl., im Jahre 1901 3957 Fälle, 12 154,5 Deß. und 3 952 584 Rbl. Die Durchschnittsgröße eines Verkaufs war beinahe dieselbe und zwar: 3,9 Deß. im ersten der drei Jahre, 4,2 im zweiten und dritten.

Der Durchschnittspreis einer Deßjatine war:

	In dem Gebiet Nichtschwarzerde	In dem Gebiet der Schwarzerde	Total für das Reich
1897	237 Rbl. 49 Kop.	192 Rbl. 07 Kop.	200 Rbl. 86 Kop.
1898	191 „ 75 „	248 „ 89 „	223 „ 64 „
1899	156 „ 45 „	248 „ 17 „	205 „ 57 „
1900	245 „ 87 „	233 „ 52 „	239 „ 15 „
1901	377 „ 08 „	247 „ 83 „	325 „ 19 „

[1] Der Wert des Landes war bei den kleinen Verträgen (von 3 bis

Die eben angeführten Zahlen zeigen, daß die von den Eisenbahnen gezahlten Preise die üblichen Verkaufspreise stets übertrafen, daß — mit anderen Worten — unser Ministerium der Verkehrswege und das Ministerkomitee (in Sachen der Zwangsenteignung) die Privatbesitzer für das veräußerte Land sehr reichlich entschädigten. Dabei muß noch bemerkt werden, daß — wie aus den kombinierten Tabellen derselben „Materialien" (Heft X) zu ersehen ist — die Hauptmasse der Verträge mit Bauern abgeschlossen wurde, welche von den Eisenbahnen für ihre Grundstücke eine verhältnismäßig ge r i n g e r e Entschädigung erhielten als die Vertreter der anderen Stände. Also auch hier sind die Bauern im Vergleich zu den anderen Ständen im Nachteil geblieben.

Um die Registration der Enteignungen für Eisenbahnen und andere Verkehrswege zweckmäßiger zu gestalten, wäre es nötig, eine besondere statistische Karte einzuführen, welche von den Vorständen der Eisenbahnen selbst ausgefüllt und hierauf dem entsprechenden statistischen Bureau zugestellt werden müßte. Die Ergänzung der Geschäftsführung der Eisenbahnverwaltungen von ganz Rußland durch derartige Karten würde zweifellos die Organisation einer speziellen Statistik der Eisenbahnverträge ermöglichen. Hierher muß man auch die Verträge für Chausseen und andere Arten von Verkehrswegen rechnen, welche in Rußland gleichfalls einer Registration entgehen.

b) Verträge mit dem Fiskus. Dergleichen Verträge haben einen ganz besonderen Charakter, denn eine jede Enteignung der fiskalischen Ländereien und umgekehrt jede Anschaffung von Grundbesitz durch den Fiskus ändern den Umfang des Mobilisationsfonds. Eine besondere Buchung dieser Änderungen wird in Rußland nirgends geführt und wird eine entsprechende Registration auch von keinem von

---

5 Deßjatinen) von den bebauten Grundstücken stark beeinflußt, da das Fehlen entsprechender Daten öfters überhaupt jede Möglichkeit nahm, den Wert der auf denselben befindlichen Gelände aus dem Gesamtwert auszuscheiden.

den im Reiche tätigen statistischen Bureaus vorgenommen. Der Grundbesitz des Fiskus wird von der Hauptverwaltung der Landwirtschaft festgestellt, und werden die Daten über die fiskalischen Wälder in den jährlichen Berichten des Forstdepartements veröffentlicht. Eine regelmäßige periodische Feststellung des Umfanges des Grundbesitzes der Kirchen, Stifte und Städte existiert bei uns überhaupt nicht[1].

Nach den Angaben, welche in der Bibliothek des Reichsrats aufbewahrt werden, wurden von der Krone vom Jahre 1890 bis 1900 auf Grund der allgemeinen Gesetze 172365,15 Deß. veräußert. Es wurde übrigens nicht die ganze genannte Fläche mobilisiert, sondern nur etwa 60 % derselben, und zwar waren es die Grundstücke, welche: 1. an abgedankte Gemeine zwecks Ansiedlung abgegeben wurden 62915 Deß.; 2. an abgedankte Offiziere und Beamte 5115 Deß.; 3. an Privatpersonen auf gewöhnlichem Wege verkauft wurden 28221 Deß.; 4. an Privatpersonen aus verschiedenen Gründen verkauft wurden 6773 Deß.; 5. als kleine Wald- und Grundstücke auf Grund des Gesetzes vom 29. Mai 1897 an Privatpersonen verkauft wurden 273,5 Deß.; 6. als Parzellen an Bauern abgetreten wurden 72,26 Deß.; 7. ein Teil des Bodens ist wiederum in den unbeweglichen Fonds des Reiches[2] zurückgekehrt, welcher

---

[1] Die Daten über diese Ländereien findet man nur in der Erhebung des Jahres 1887; über die Güter des Apanageressorts existieren Daten für das Jahr 1904 (siehe unten).

[2] Und zwar wurde übergeben:

an Stifte	21 865 Deß.	oder 22,8 %
für staatliche Zwecke	14 974 „	„ 15,6 „
an verschiedene Ressorts	16 756 „	„ 17,4 „
auf Grund gerichtlicher Entscheidungen	11 748 „	„ 12,2 „
den Städten und Flecken als Weideland	5 344 „	„ 5,5 „
an Kirchen	4 463 „	„ 4,7 „
an Schulen verschiedener Ressorts	3 245 „	„ 3,4 „
an Wohltätigkeitsanstalten	3 017 „	„ 3,1 „
an Bistümer	2 326 „	„ 2,4 „
den Landschaften abgetreten	1 677 „	„ 1,7 „
für Verkehrswege der Landschaften	1 565 „	„ 1,5 „
Übertrag	86 980 Deß.	oder 90,3 %

für 50 Gouvernements des europäischen Rußlands etwa 265 Millionen Deß. ausmacht.

Zu gleicher Zeit sind folgende Ländereien in den Besitz der Krone gekommen:

1. Grundstücke, die wegen Mangels an Erben an den Staat fallen . . . . . 3 441 Dess.
2. Durch Kauf erworben . . . . . . 18 975 „
3. Von anderen Ressorts . . . . . . 16 605 „
4. Für Schulden an den Staat laut Senatsverordnungen . . . . 7 032 „
5. Auf Grund gerichtlicher Entscheidungen 2 757 „
6. Bei der Abgrenzung in den Besitz gekommen . . . . 2 114 „
7. Von Privatpersonen (aus verschiedenen Gründen) . . . . 3 281 „

Im ganzen 54 195 Dess.

So erhalten wir für die zehnjährige Periode (1890 bis 1900) die folgende allgemeine Bilanz der Zu- und Abnahme des Grundbesitzes der Krone:

	Abnahme	Zunahme
Veräußert auf Grund von allgemeinen Gesetzen . . .	110 091 Dess.	
Veräußert für Eisenbahnen, auf Grund gerichtlicher Entscheidungen u. a. m. . . .	62 001 „	
Verkauft laut dem Gesetz vom 29. Mai 1897	273 „	
Abgetreten auf Beschluß des Reichsrats, Ministerkomitees oder auf Grund besonderer Allerhöchster Befehle . .	20 632 „	54 195 Dess.
Zum Übertrag	86 980 Deß.	oder 90,3 %
für verschiedene Schulen abgegeben . . .	1 526 „	„ 1,7 „
für Eisenbahnen	7 285 „	„ 8,0 „
„ Krankenhäuser der Landschaften . .	206 „	„ . — „
„ Friedhöfe	30 „	„ — „
Sa.	96 027,41 Deß.	oder 100 %

Diese Zahlen umfassen nicht die Mobilisation des Grundbesitzes des Apanagenressorts und des kaiserlichen Kabinetts, welche Daten ebenfalls angeführt werden müßten, um den wirklichen Umfang unseres mobilisierbaren und immobilen Landfonds festzustellen.

Die hier erörterte Kategorie von Verträgen hat seit dem Herbst 1906 eine besondere Bedeutung erhalten, da auf Grund allerhöchster Verordnungen, die zu dieser Zeit erschienen sind, eine Reihe neuer früher immobiler Kategorien des Grundbesitzes auf den Grundstücksmarkt geworfen ist. Hierher gehören an erster Stelle jene 4 Millionen und mehr Deßjatinen, welche als zinspflichtige Pachtstücke des Apanageressorts zurzeit dem Verkauf entgegensehen.

Dasselbe kann auch schließlich mit demjenigen bäuerlichen Anteilsland geschehen, welches der Bank verpfändet ist und, wenn nicht rechtzeitig eingelöst, für die rückständige Schuld verkauft werden kann.

II. Schätzungskommissionen der Landschaften.

I.

Mit der Gründung der statistischen Schätzungsabteilungen, die an die Ausschüsse der Gouvernementslandschaften angegliedert wurden, begann eine örtliche statistische Registration des Grundbesitzes durch die Landschaften. Da die Schätzungsarbeiten rohen Verfolgungen seitens der Verwaltungsbehörden ausgesetzt waren, konnten sie leider bis jetzt nicht zum Abschluß gelangen, nicht einmal was die Sammlung des Materials anbetrifft. Da außerdem die Arbeiten der Landschaften nicht vereinheitlicht werden konnten, wurde jede Untersuchung etwas anders geführt, und läßt sich diese Planlosigkeit bei dem Versuch, zu allgemeinen Schlüssen zu gelangen, sofort bemerken.

Bei der Schätzung der Grundeigentümer ist das Wichtigste „die Registration des Grundbesitzes", d. i. die Feststellung sowohl der Gesamtgröße der Fläche des Grundbesitzes als auch der Verteilung der verschiedenen Arten von Liegenschaften. Gewöhnlich wird die „Registration" in drei einander folgenden Abschnitten ausgeführt: als „vorläufige", als „örtliche" und als „endgültige" Registration. Die vorläufige Registration des Grundbesitzes besteht in dem Auszuge der Daten über den Grundbesitz aus den Akten des Notariellen Archivs, der Verwaltung der Staatsländereien, der Domänenbehörde, der Zeichenabteilung des Gouvernements, der Adels- und Bauernbank, des Konsistoriums, der Kreisausschüsse und anderer Behörden. Als Urquellen dienen hierbei: die „Register" des Obernotars, die „Besitzurkunden", „Loskaufs"angelegenheiten, die Besitzurkunden über die endgültige Abgrenzung der bäuerlichen Anteile, Auszüge aus den Büchern der Adels- und Bauernbank, Entwürfe der gütlichen Abgrenzung, „Kirchenbücher, Steuerregister" der Kreisausschüsse u. a. m. Außer diesen Auszügen, welche ein ungleichartiges Zahlenmaterial enthalten, werden Pläne der Grundstücke kopiert und Kopien der Kreiskarte mit Angabe der Abteilung sowohl nach der General- als der Spezialvermessung zusammengestellt. Zuweilen werden auch die Pläne der Privateigentümer, der Domänen- und Apanagegüter und der Dienstländereien kopiert, Alles dies wird nach sogenannten besonderen Vermessungsbezirken eingetragen und zusammengestellt. Da man bei der Registration der Grundstücke auch die Lage der einzelnen Besitztümer in dem einzelnen Vermessungsbezirk bestimmen muß, die Akten aber meistenteils überhaupt keine oder recht spärliche diesbezügliche Angaben enthalten, so wird die „vorläufige Registration" durch die „örtliche Registration" ergänzt, welche mittelst einer an Ort und Stelle ausgeführten Feststellung vorgenommen wird und die enormen Lücken der präliminären Auszüge aus den Archiven ausfüllen soll.

An Ort und Stelle wird festgestellt, ob der tatsächliche

Besitz in jedem Falle dem rechtlichen entspricht und in welchen Vermessungsbezirken er sich befindet. Wenn sich nun eine Abweichung herausstellt, werden entsprechend dem tatsächlichen Zustand Berichtigungen vorgenommen. Die „endgültige Registration" der Grundstücke schließlich besteht in der Durchsicht aller Daten über Grundeigentümer, welche in der Schätzungsabteilung des Gouvernements vorhanden sind und in der Verteilung derselben unter die festgestellten Vermessungsbezirke.

Das ist der komplizierte Weg der Berechnung der Grundstücke zwecks deren Schätzung, ein Weg, der mit vielen Fehlern und Mängeln verbunden ist. Letztere sind recht mannigfaltig und hängen von verschiedenen Ursachen ab. So sind die Fehler bei der Feststellung des Bauernbesitzes dort, wo der Gemeindebesitz herrscht, verschwindend gering; anders steht es mit dem privaten Grundbesitz, denn hier weisen selbst die Besitzurkunden der General- und Spezialvermessung Fehler auf; außerdem aber wird hier auch die Berichtigung an Ort und Stelle dadurch erschwert, daß es unmöglich ist, Angaben aus den alten Grundbesitzurkunden zu entnehmen, welche vor der Gründung des Notariellen Archivs verfaßt worden sind, dann aber dadurch, daß einige Privatbesitzer die Grenzen ihres Besitzes nicht kennen, daß Akten und Pläne einer späteren Aufnahme nicht vorhanden sind und in den alphabetischen Vermessungsverzeichnissen die örtlichen Benennungen öfters fehlen. Als weitere Hindernisse stellen sich in den Weg: das Abweichen der Vermessungsurkunden von der Wirklichkeit in den Fällen, wo die Güter an einem Fluß liegen, welcher mit der Zeit seinen Lauf geändert hat, sodann die Okkupation von Grundstücken, die Streitigkeiten über den Grundbesitz, die Übergänge kleiner Grundstücke von einem Besitzer an einen anderen auf Grund privater Vereinbarungen, d. h. ohne Aufstellung von Besitzurkunden, die oft vorkommende Abwesenheit der Privatbesitzer während der an Ort und Stelle sich vollziehenden Schätzungsarbeiten und schließlich die Weigerung einiger Sonderlinge, schriftliche

Mitteilungen über ihren Grundbesitz zu machen. Nicht gering sind endlich auch die Schwierigkeiten, die dadurch entstehen, daß: 1. in den Besitzurkunden der Umfang des Bodens nicht immer genau angegeben ist („mehr oder weniger als das, was tatsächlich vorhanden sein wird"); 2. in den Besitzurkunden die Ortschaft, wo der entsprechende Grundbesitz sich befindet, öfters nicht nach dem Vermessungsbezirk, sondern nach dem nächstliegenden Dorf bezeichnet ist, und daß man auf den Besitzurkunden Anmerkungen antrifft, worin die Gouvernements-Zeichenabteilung den Bescheid gibt, daß die Zugehörigkeit dieses Grundbesitzes zu dem einen oder andern Bezirk der staatlichen Vermessung sich nicht bestimmen lasse.

In den Gouvernements mit gemischtem Grundbesitz stößt man auf Schwierigkeiten auch bei dem bäuerlichen Grundbesitz; so z. B. existiert im Gouvernement Wologda eine große Anzahl vererbbarer (oder okkupierter) Einzelhöfe, welche nirgends registriert sind, so daß die Feststellung dieser Art von Besitz, welcher von den Bauern als Privateigentum angesehen und deshalb ungehindert veräußert wird, oft ganz unmöglich ist.

Hierzu kommt, daß in einigen Gegenden, wie z. B. in den Kreisen Ust-Ssyssolsk, Jarensk, Ssolwytschegodsk Agrarorganisationsarbeiten im bäuerlichen Grundbesitz noch nicht ausgeführt und die Anteile der Bauern von den Kronländereien nicht abgegrenzt worden sind; in anderen Gegenden, wie z. B. im Gouvernement Taurien, hängt die Schwierigkeit der Registration damit zusammen, daß die Grundstücke nicht abgegrenzt sind und sich in Streulage befinden, daß der Besitz höchst zerstückelt und unbestimmt ist, was auf die Vermengung des alttatarischen Gewohnheitsrechtes mit unserer Gesetzgebung zurückzuführen ist. Wenn man noch das Fehlen der gehörigen Urkunden mit in Erwägung zieht, so sieht man, daß eine genaue Feststellung des Grundbesitzes beinahe unmöglich wird.

Im Gouvernement Bessarabien finden wir äußerst verwirrte und ungeregelte Grundbesitzverhältnisse der „Reseschen", in den Gouvernements Kursk, Orel u. a. den „Viertel"besitz, im Gouvernement Ufa den Grundbesitz der Baschkiren, was alles für die Registration enorme Schwierigkeiten bietet.

Groß sind auch die Schwierigkeiten in den Gouvernements Tschernigow, Poltawa und Charkow mit ihrem kleinen Hofbesitz. Jede Feststellung wird außerdem durch die ungemein oft vorkommenden Übergänge des Besitzes aus einer Hand in die andere vereitelt. Kaum ist die Schätzungsabteilung mit ihrer Arbeit im Gouvernement fertig, da treten im Grundeigentum der einzelnen Wirtschaften so große Änderungen ein, daß die ganze kostspielige Erhebung wiederholt werden muß[1].

Die Zählung der Grundstücke nach den Urkunden ist in den kleinrussischen Gouvernements so schwierig, daß z. B. im Gouvernement Poltawa eine Zählung vorläufig überhaupt nicht stattfindet und nach der Ausarbeitung der Vorschriften für die Grund- und Bodeneinschätzung den Kreisschätzungsbehörden wird übertragen werden.

Somit können die Schätzungsarbeiten unserer Landschaften einen gleichzeitig und einheitlich ausgeführten Kataster nicht ersetzen. Dabei ist ja auch bekanntlich die Selbstverwaltung der Landschaften in Rußland nicht überall vorhanden und sind die Schätzungsarbeiten noch in wenigen der Semstwo-Gouvernements zu Ende geführt. Was aber die laufende Statistik der Landschaften anbetrifft, so ist dieselbe dem Zwecke der Registration der Übergänge von Grundvermögen aus der einen Hand in die andere nicht angepaßt, was auch eine Feststellung der Mobilisation mit Hilfe der Landschaften unmöglich macht.

Es kann also die Statistik der Landschaften, und zwar ohne besondere Schuld, dem vorhandenen Bedürfnis nach statistischen Daten über den Landfonds, als auch über die Veränderungen innerhalb desselben nicht entsprechen; außer-

---

[1] Dabei wird durch die sogenannten Inventarkarten, die von verschiedenen Landschaften für ihre Schätzungsarbeiten eingeführt sind, eine bedeutende Erleichterung erzielt.

dem ist sie nicht imstande, Daten zu geben, die größere Flächen als die eines Kreises resp. eines Gouvernements, umfaßten. Nichtsdestoweniger wurde in einzelnen Landschaften, wie z. B. den von Petersburg (Stein), Tambow (Romanow), die Mobilisation innerhalb der Grenzen ihrer Gouvernements berechnet.

II.

Die Untersuchung der Mobilisation durch die Landschaften hat im ganzen zu ziemlich ähnlichen Ergebnissen geführt.

Als erster hat dieser Frage seine Aufmerksamkeit geschenkt der bekannte Sewstwo-Statistiker Orlow, welcher im Jahre 1877 unter den Beilagen zu der von ihm herausgegebenen Sammlung Statistischer Daten für das Gouvernement Moskau (Abschnitt der wirtschaftlichen Statistik, Heft 1) einen Auszug aus dem Register für notarielle Akten über 547 Angelegenheiten veröffentlicht hat.

Darauf wurde die Mobilisation im Gouvernement Petersburg berechnet. Nach den Angaben der Landschaftsstatistik dieses Gouvernements war der in derselben beobachtete Umfang der Mobilisation in dem Jahrzehnt 1867—1876[1] der folgende:

Im Jahre 1867 waren 85 Fälle von Verkauf mit der gesamten Veräußerung von 34 107 Deßjatinen.

Im J. 1868 waren es 218 Fälle mit d. Gesamtfläche v. 41 767 Deß.
„ „ 1869 „ „ 282 „ „ „ „ „ 57 196 „
„ „ 1870 „ „ 291 „ „ „ „ „ 82 125 „
„ „ 1871 „ „ 249 „ „ „ „ „ 83 846 „
„ „ 1872 „ „ 352 „ „ „ „ „ 72 316 „
„ „ 1873 „ „ 319 „ „ „ „ „ 88 425 „
„ „ 1874 „ „ 376 „ „ „ „ „ 85 206 „
„ „ 1875 „ „ 437 „ „ „ „ „ 125 719 „
„ „ 1876 „ „ 453 „ „ „ „ „ 91 579 „

3 062 Fälle mit der Gesamtfl. von 762 291 Deß.

---

[1] A. Stein, Statistik der Käufe und Verkäufe von Grundbesitz

Im Laufe derselben Zeit wurden in 228 Fällen Grundstücke öffentlich versteigert, wobei 105 200 Deß. zur Veräußerung kamen. Dabei wurde bemerkt, daß die Adligen kleinere Güter verkauften und größere kauften, daß im Verhältnis zu den anderen Ständen die Edelleute die weit größten Güter und am öftesten verkauften. So waren dieselben im Laufe des erwähnten Jahrzehnts von jeden 100 Verkäufen in 50 Fällen als Verkäufer beteiligt und haben sie 83,5 % der Gesamtfläche des verkauften Bodens veräußert. Gekauft haben sie 24 % der Gesamtzahl der verkauften Güter und 47 % des Gesamtareals des angekauften Bodens. Die Durchschnittsgröße der von dem Adel verkauften Grundstücke war 423 Deßjatinen, die der angekauften 490 Deßjatinen, während die entsprechenden Größen bei der Bauernschaft 15 resp. 94 Deßjatinen waren.

Für die Beurteilung der Zunahme der Grund- und Bodenpreise war kein genügendes Material vorhanden, es konnte aber aus den Zahlen eine interessante Zusammenstellung der Preise bei Verträgen über Grundstücke verschiedener Größe gemacht werden.

So waren die Durchschnittspreise in verschiedenen Kreisen des St. Petersburger Gouvernements im Laufe des Jahrzehnts [1] wie folgt:

	Die Preise von Gütern		
	von 10 bis 100 Deß.	von 100 bis 1000 Deß.	über 1000 Deß.
Im Kreise Petersburg	8,65 Rbl.	44,90 Rbl.	141,95 Rbl.
„ „ Gdow	7,45 „	10,85 „	15,10 „
„ „ Luga	7,25 „	12,70 „	17,10 „
„ „ Nowaja Ladoga	6,50 „	8,95 „	19,40 „
„ „ Peterhof	13,05 „	20,00 „	37,15 „
„ „ Zarskoje Sselo	13,60 „	26,70 „	42,95 „
„ „ Schlüsselburg	13,10 „	17,30 „	54,55 „
„ „ Jamburg	12,35 „	16,25 „	19,45 „

im Gouvernement Petersburg im Laufe der Jahre 1867—1876. St. Petersburg 1878.

[2] Ebd., Abkürzung der Tabelle XIV, p. 40.

Im Gouvernement Tambow wurde gleichfalls die Mobilisation für 20 Jahre berechnet[1]. Es stellte sich heraus, daß im Laufe des ersten Jahrzehnts (1866—1876) die Zahl der Verkäufe 3639 war, wobei 538745 Deßjatinen veräußert wurden, im Laufe des zweiten Jahrzehnts (1876—1886) bereits 4676 Verkäufe mit der Gesamtfläche von 773610 Deßjatinen.

Im Gouvernement Smolensk war in fünf Kreisen (Ssytschew, Gshatsk, Juchnow, Dorogobush und Duchowschtschina)

	die Zahl der Verkäufe	die Zahl der Deßjatinen
1871—1875	482	79865
1876—1880	443	125441
1881—1886	734	199679

Im Gouvernement Twer im Kreise Wyschnij Wolotschok waren im Laufe der fünfjährigen Periode von 1860 bis 1865 150 Verkäufe mit der Gesamtfläche von 5100 Deßjatinen, und in dem Zeitraum von 1881—1885 850 Verkäufe mit der Gesamtfläche von 36963 Deßjatinen abgeschlossen. Im Kreise Beshetzk desselben Gouvernements fanden 1860—1865 93 Verkäufe mit 4690 Deßjatinen, 1881—1885 224 Verkäufe mit 16477 Deßjatinen statt.

Ähnliche Erscheinungen wurden auch in den Gouvernements Smolensk, Moskau, Poltawa u. a. m. beobachtet[2]. Im Gouvernement Poltawa wurde auch eine besondere Erhebung über die Mobilisation herausgegeben[3].

---

[1] N. N. Romanow, Die Bewegung des Grundbesitzes im Gouvernement Tambow in den Jahren 1866—1886. Herausgegeben von der Gouvernementslandschaft. Tambow 1886.

[2] Eine Reihe entsprechender Daten findet man bei A. Tschuprow und A. Postnikow in ihrem Werk: „Der Einfluß der Ernten und der Getreidepreise auf einige Fragen der Volkswirtschaft". 2 Bde. St. Petersburg 1907.

[3] N. Tereschkewitsch, Abriß der Bewegung des Grundbesitzes im Gouvernement Poltawa im Laufe von acht Jahren, 1870—1877. Poltawa 1882.

III. Die Erhebungen des Ministeriums des Innern.

Die Daten über die Bewegung des Grundbesitzes sind Daten der Dynamik, welche zwar eine selbständige Bedeutung haben, jedoch beim Fehlen von Angaben statischer Art einen Teil ihres Wertes einbüßen. Indes existiert bekanntlich eine Statik des russischen Grundbesitzes nicht, obgleich die Feststellung des Fonds, aus dem die zu mobilisierenden Vermögen geschöpft werden, für die Erforschung des Umfangs des Grundstücksverkehrs und der Rolle des Mobilisationsprozesses selbst von der größten Bedeutung ist.

Die Statistik des Grundbesitzes ließ sich nur mittels einer organisierten Katastrierung erforschen. Um für den fehlenden Kataster einen Ersatz zu schaffen, wurden bereits in den 70er Jahren periodische grundlegende Erhebungen über den Grundbesitz im europäischen Rußland (nach Jahrzehnten) geplant. Es wurden deren drei ausgeführt: die erste im Jahre 1877, die zweite 1887 und die dritte im Jahre 1905, alle vom Ministerium des Innern veranstaltet. Ein großes Hindernis für die Erlangung von einigermaßen zuverlässigen Angaben bestand darin, daß öfters weder die Besitzer selbst, noch die Kameralhöfe, noch die Landschaften eine Vorstellung vom genauen Umfang der Grundstücke, welche in der entsprechenden Gegend gelegen waren, hatten[1]. Ebenso richtig war das Fehlen der Güter-

---

[1] Im allgemeinen können alle Bezugsquellen für die Daten über den Grundbesitz in Rußland in zwei große Kategorien zusammengefaßt werden, je nach den Zwecken, welche bei der Ansammlung der einen oder anderen Daten verfolgt wurden: die einen Arbeiten verfolgten rein statistische Zwecke, die anderen hatten die Besteuerung des Landes mit verschiedenartigen Abgaben im Auge. Die erste Kategorie ist äußerst arm und umfaßt nur die Ausgaben des zentralen statistischen Komitees, wenn man von den wenigen Versuchen, die statistischen Daten über den Grundbesitz zusammenzustellen, absieht, welche vor 1874 gemacht worden sind (Arbeiten von Wilson, de Livron, Jansson, Generalstabsgeneral Strelbitzky, Untersuchungen des Komitees in den Jahren 1877, 1881, 1887, 1900). Die zweite Kategorie der Angaben über den Grundbesitz

verzeichnisse, weshalb im Jahre 1877 etwa 7 % der Grundstücke, 1887 etwa 6 % derselben der Registration entgangen sind; außerdem haben beide Zählungen das Gebiet der Donschen Kosaken nicht berührt. Somit ist das Urmaterial selbst unbefriedigend. Leider ist aber auch dieses Material nicht mit genügender Sorgfalt bearbeitet worden, was in der Statistik des Ministeriums des Innern eine gewöhnliche Erscheinung ist. Erstens lassen sich die Ergebnisse der beiden Zählungen nach deren Bearbeitung schwer vergleichen. Die Bearbeitung der Materialien der zweiten Zählung wurde im Vergleich zur ersten nach einem bedeutend kürzeren Plan geführt und dabei mit einer großen Verspätung: bis zur Zeit(!) sind die Hefte über die Gouvernements Livland, Pensa und Astrachan noch nicht erschienen. Zweitens sind einzelne Hefte (wie z. B. für das Gouvernement Tula) durch technische Mängel und Rechenfehler entstellt.

Eine treffliche Charakteristik dieser Quellen finden wir im Heft III der „Materialien" der sogenannten „Zentrumskommission", wo (p. 47) folgendes gesagt wird: „Die Berechnung der Fläche Rußlands, die von Strelbitzki planimetrisch ausgeführt worden ist, umfaßt ihrer Ausführungsmethode selbst zufolge auch diejenigen Ländereien, welche niemand privatim gehören (gemeinschaftliche Wege, große Moorflächen usw.), sowie diejenigen, welche dem Gesetz (Art. 718 und 719 der Grenzgesetze) zufolge als unbrauchbar gelten (Flüsse, Bäche, Schluchten, Sümpfe, Teiche, Wasserrisse u. a. m.). Außerdem gibt diese Arbeit nur die Ge-

---

als Gegenstand der Besteuerung ist viel inhaltreicher, wenn nicht nach der Beschaffenheit der Daten selbst, so doch nach der Zahl der von denselben getroffenen Zeitpunkte; denn im Interesse der Besteuerung werden die Daten alljährlich — und nur für einzelne Abgaben — einmal in drei Jahren gesammelt. Hierher gehören die laufenden Angaben der Landschaften, der Krone und anderer Behörden, welche die Besteuerung des Grundbesitzes verwalten; hierher können auch die Daten hinzugezählt werden, welche in verschiedenen Sammlungen der statistischen Erhebungen der Landschaften enthalten sind und welche dieselben Interessen der Besteuerung und nicht der Statistik zum Endziel haben.

samtfläche aller Grundstücke (nach Kreisen eingeteilt) an, ohne dieselben nach den Bodenarten oder Kategorien der Besitzer einzuteilen. Diese letzteren Daten sind mit besonderer Ausführlichkeit zuerst vom statistischen Zentralkomitee veröffentlicht worden, welches die Ergebnisse seiner speziellen Erhebung in den Jahren 1877—1878 in 8 Heften der „Statistik des Grundbesitzes und der Ansiedelungen im Europäischen Rußland" herausgegeben hat. Es sind darin die Daten über die Anzahl und den Umfang des Grundbesitzes nach Ständen und Kategorien der Besitzer (geordnet nach Kreisen und Gouvernements) enthalten. Im Herbst 1881 hat das Komitee eine neue Untersuchung über die Verteilung der Grundstücke nach Liegenschaften ausgeführt und die entsprechenden Ergebnisse, nachdem es dieselben mit den Daten der Jahre 1877—1878 einigermaßen in Übereinstimmung gebracht hatte, in der Ausgabe: „Die Verteilung der Grundstücke nach Liegenschaften und der Ackerfelder — nach den Saaten" im Jahre 1884 veröffentlicht. Im Jahre 1886 gab das Komitee die kombinierten Ergebnisse der ersten Untersuchung 1877—1878 heraus; diese Zusammenstellung, „Der Grundbesitz im europäischen Rußland", enthält alle diejenigen Berichtigungen und Ergänzungen, welche das Komitee auf Grund seiner zweiten Untersuchung im Herbst 1881 in die Ergebnisse seiner ersten Arbeit einzutragen für richtig befunden hat. Die Ergebnisse einer neuen Erhebung über den Grundbesitz im Jahre 1887 werden vom Komitee in einzelnen Lieferungen nach den einzelnen Gouvernements veröffentlicht und zwar unter dem Titel: „Hauptergebnisse der Grundbesitzstatistik nach der Untersuchung von 1887"; die erste Lieferung dieser Ausgabe ist im Jahre 1892 erschienen, aber diese Arbeit ist noch nicht zu Ende geführt, und es fehlen zur Zeit noch die Lieferungen über vier Gouvernements (Astrachan, Livland, Pensa und Dongebiet). Außerdem findet man Daten über den Grundbesitz auch in den anderen Arbeiten des Komitees,

z. B.: „Die Wolosts (Amtsbezirke) und wichtigsten Dörfer des Europäischen Rußlands", „Die Wolosts (Amtsbezirke) und Gminen" u. a. m. Jedoch berühren diese Arbeiten nur einzelne Fragen des Grundbesitzes, ohne etwas Neues im Vergleich zu dem zu geben, was in den Haupt-, so zu sagen in den grundlegenden Arbeiten des Komitees enthalten ist. Wenn man zu der Bewertung der vom Statistischen Zentralkomitee veröffentlichten Daten übergeht, muß man erstens darauf aufmerksam machen, daß nach der (ersten, als auch zweiten) Feststellung des Komitees die Gesamtfläche des Kreislandes öfters dessen Fläche übertrifft, wenn dieselbe nach der Berechnung von Strelbitzky ohne die bedeutenden Wasserflächen genommen wird. Dieser Umstand wird auch von dem Komitee selbst in den „Hauptergebnissen der Grundbesitzstatistik" konstatiert. Da das Komitee die Gesamtfläche des Landes im Kreise durch Summierung der Flächen der einzelnen Besitztümer feststellte, so verfügte es über keinerlei Mittel, seine Zahlen mit denen des Strelbitzky in Einklang zu bringen. Darum beschränkt sich das Komitee auf die allgemeine Bemerkung, daß seine beiden Untersuchungen nicht fehlerlos genannt werden können, was beispielsweise von den Fällen der vollen Berechnung in dem gegebenen Kreise derjenigen Güter gesagt werden muß, welche tatsächlich zum Teile außerhalb seines Bereiches liegen; gleichfalls, von den Fällen der doppelten Zählung des gemeinschaftlichen Grundbesitzes, wenn die Grundstücke in jeder Kategorie der Mitbesitzer in vollem Umfange angegeben wurden. In der Untersuchung von 1887 führt das Komitee zum Zwecke des Vergleiches auch die Zahlen seiner ersten Untersuchung an und berechnet zugleich prozentuell den Unterschied zwischen der Gesamtfläche nach den Daten von 1887 einerseits und nach den Berechnungen Strelbitzkys und den Zahlen von 1877 andererseits. Wenn man dementsprechend das prozentuale Verhältnis der Fläche von 1877 zur Fläche Strelbitzkys bestimmt, so sieht man, daß die Fläche nach der Untersuchung des Komitees von 1877 in 33 Kreisen (in

11 Gouvernements) die von Strelbitzky angegebene übertrifft und zwar erreicht dieser Überschuß in einzelnen Fällen 37,1 %. In der Untersuchung von 1887 ist die Zahl solcher Fälle noch größer geworden: ein Überschuß in der Größe der Fläche im Verhältnis zu den Daten von Strelbitzky hat sich in 36 Kreisen (in 16 Gouvernements) herausgestellt, wobei seine maximale Größe sich gleichfalls gehoben hat und zwar bis 37,4 %. Im ganzen ist aber die Grundfläche nach den Daten der Untersuchungen von 1877 und 1887 selbstverständlich geringer als die Fläche Strelbitzkys. Wenn man aus der Gesamtfläche der 50 Gouvernements des Europäischen Rußlands (ohne die Kreise Ismail und Rostow) nach den Daten Strelbitzkys und denen vom Jahre 1877 die Flächen von den 4 Gouvernements Astrachan, Livland, Pensa und Donsches Gebiet (mit dem Kreise Rostow) ausscheidet, da über dieselben in der Untersuchung von 1887 keine Daten enthalten sind, so erhält man als Fläche von 46 Gouvernements: für das Jahr 1877 366,6 Millionen Deßjatinen, für 1887 381,4 Millionen Deßjatinen und nach Strelbitzky 396,8 Mill. Deß. Also stellen die Daten der Untersuchung von 1877—1887, welche hinter den Zahlen Strelbitzkys um 30,3 Mill. Deß. (7,62 %) resp. um 15,4 Mill. Deß. (3,88 %) zurückblieben, 92,38 % resp. 96,12 % dieser Zahlen vor; die Fläche aber im Jahre 1887 hat die von 1877 um 14,9 Mill. Deß. (4,05 %) übertroffen. In der Tabelle VII dieser Ausgabe über den Vergleich der Fläche der steuerpflichtigen Grundeigentümer und der Gesamtfläche von 50 Gouvernements des Europäischen Rußlands ist angegeben, daß die Flächen von 1877 und 1887 92 % resp. 93 % der Fläche nach Strelbitzky ausmachen; der so entstehende Unterschied von den oben angeführten Zahlen erklärt sich dadurch, daß erstens die Fläche von 1877 in der Tabelle mit Berichtigungen angeführt ist, welche der „Verteilung der Grundstücke nach Liegenschaften im Jahre 1881" entnommen sind; zweitens dadurch, daß die vergleichenden Zahlen für alle 50 Gouvernements berechnet sind, diejenigen 4, welche wir früher erwähnt haben, mit-

inbegriffen; indes bildet die Fläche des Gouvernements Astrachan nach den Daten von 1877 nur 29% der entsprechenden Fläche nach Strelbitzky.

Das Zentrale Statistische Komitee führt den Ausfall seiner Daten über die Oberfläche im Vergleich zu der Berechnung Strelbitzkys auf die Unvollständigkeit seiner Daten über unbenutzbare Ländereien zurück. In den Erläuterungen zu den Tabellen seiner „Statistik des Grundbesitzes" erklärt das Komitee, daß, obgleich Zahlenangaben sowohl über benutzbare als unbenutzbare Bodenflächen angesammelt wurden, die Daten über die letzteren sich als so unzulänglich erwiesen haben, daß man den anfänglichen Gedanken, die Zahlen der benutzbaren und der unbenutzbaren Grundstücke für alle Kategorien des Grundbesitzes gesondert zu geben, hat fallen lassen und sich nur auf das Anteilland hat beschränken müssen, bei welchem diese Absonderung, wenn auch mit großen Schwierigkeiten sich ausführen ließ. Nur die im Jahre 1881 gesammelten Angaben über die Verteilung der Grundstücke nach Besitzern haben es dem Komitee ermöglicht, die Zahlen über die benutzbaren und abgesondert — die der unbenutzbaren Grundstücke nach drei Kategorien: im gesamten Grundbesitz, im Anteilbesitz und im Privateigentum (mit Ausnahme der Krone und der Apanage) zu veröffentlichen.

Die Ergebnisse einer neuen Untersuchung wurden im Jahre 1884 unter dem Titel: „Verteilung der Grundstücke nach Liegenschaften, nach den Daten der Untersuchung von 1881" herausgegeben. Das Gesamtquantum der Grundstücke in 49 Gouvernements (ohne den Kreis Ismail und das Donsche Gebiet, aber mit dem Kreis Rostow) ist hier gleich 391,9 Millionen Deßjatinen, statt 377,3 Millionen (im Jahre 1877) d. h. um 14,5 Millionen oder 3,84% mehr. Von diesen 391,9 Millionen Deßjatinen sind 315,6 Millionen als brauchbar und 76,3 als unbrauchbar angegeben, von den letzteren 12,1 Millionen Deßjatinen im bäuerlichen Anteilland. Wenn man zu 377,3 Millionen Deßjatinen (Fläche aller Grundstücke im Jahre 1877 ohne die brauchbaren in dem bäuerlichen Anteilland) 12,1 Millionen Deßjatinen des unbrauchbaren Bauernlandes hinzufügt, so erhält man die Gesamtfläche aller (sowohl brauchbarer als auch unbrauchbarer) Grundstücke im Jahre 1877 und zwar 389,4 Millionen Deßjatinen. Nach einer solchen Berichtigung wird die Gesamtfläche aller Grundstücke in 49 Gouvernements im Jahre 1881 die vom Jahre 1887 um 2,5 Millionen Deßjatinen, d. h. um 63 % überragen; dieser Unterschied läßt sich durch jene Korrekturen erklären, welche das Komitee in Anbetracht der Daten von 1881 in die Angaben vom Jahre 1877 hat eintragen müssen, worüber es sich auch im Vorwort zur „Verteilung der Grundstücke nach Liegenschaften" äußert.

Im Jahre 1886 gab das Komitee eine neue Arbeit heraus: „Der Grundbesitz des europäischen Rußlands in den Jahren 1877—1878", welches Werk im Ganzen eine Zusammenstellung der Daten von 1877 nur mit zahlreichen Berichtigungen vorstellt. Dabei hat sich die Berichtigung der Daten für 1877 nicht auf die in der „Verteilung der Grundstücke nach Liegenschaften im Jahre 1881" gemachten Korrekturen beschränkt, sondern es sind auch neue Zahlen gegeben, welche weder mit den Daten von 1887 noch mit den korrigierten Angaben von 1881 übereinstimmen. Obgleich die Gesamtzahl aller Grundstücke in denselben 49 Gouvernements (ohne den Kreis Ismail und das Donsche Gebiet, aber mit dem Kreise Rostow) als 391,1 Millionen Deßjatinen angegeben ist, d. h. nur um 0,7 Millionen Deßjatinen (um 0,19 %) weniger als im Jahre 1881, so ist doch diese Differenz nur wegen der gegenseitigen Ausgleichung der 49 Gouvernements im Gesamtfazit so gering; wenn man aber die einzelnen Gouvernements nimmt, so erreicht die Differenz die Höhe von 300-, 400- bis 700 000 Deßjatinen in absoluten und 3, 4 bis 5 % in relativen Zahlen; im Gouvernement Astrachan schließlich ist die Gesamtfläche für 1881 zu 7,1 Millionen Deßjatinen berechnet, so daß hier die Differenz 1,3 Millionen Deßjatinen oder 22,1 % ausmacht. Es muß hinzugefügt werden, daß die alten Zahlen (von 1881) bei keinem der Gouvernements beibehalten sind und daß sich überall eine größere oder kleinere Differenz bemerkbar macht. Übrigens macht dabei auch das Komitee selbst die allgemeine Bemerkung, daß „wegen der vorgefundenen Fehler in den Untersuchungen von 1877 und 1881 es einige Berichtigungen eingetragen hat".

In seiner weiteren Ausgabe: „Die Hauptdaten der Grundbesitzstatistik nach der Untersuchung von 1887" führt das Komitee, um den Vergleich zu ermöglichen, wieder die Zahlen über die Flächen im Jahre 1877 an, wobei dieselben wiederum mit den früher veröffentlichten nicht ganz übereinstimmen und die neuen Korrekturen in der Ausgabe selbst — zwar nur beim Gouvernement Taurien — angegeben sind.

Nach den bis zurzeit erschienenen Heften der Untersuchung von 1887 ist die von denselben bezeichnete Fläche von 1877 in 46 Gouvernements (ohne die Kreise Ismail und Rostow) gleich 367,5 Millionen Deßjatinen, statt der früheren 366,6 Millionen Deßjatinen (in der Ausgabe über die Untersuchung von 1877), resp. 378,3 Millionen Deßjatinen im Jahre 1884 und 376,4 Millionen Deßjatinen im Jahre 1886. Bei Strelbitzky wird dieselbe Fläche auf 390,8 Millionen Deßjatinen geschätzt.

Wenn wir der Klarheit wegen die vom Komitee veröffentlichten Zahlen über die Fläche von 50 Gouvernements des Europäischen Rußlands nach den Untersuchungen von 1878 und 1887 zusammenstellen und mit der Fläche nach Strelbitzky vergleichen, so erhalten wir die nebenstehende Tabelle.

Somit erheischen die Zahlen, welche von dem Statistischen Zentralkomitee vorgelegt werden, eine besonders sorgfältige Analyse, da „sie erstens bis zurzeit die einzige Quelle der diesbezüglichen zusammengerechneten Daten für das europäische Rußland bilden; zweitens zuweilen ihrer Beschaffenheit nach den Anforderungen dieses Programms nicht entsprechen und da sie schließlich ohne vorherige Umarbeitung öfters anderen Ausgaben als Grundlage dienen, welche man bei dieser Untersuchung im Auge hatte. Als ein Beispiel einer derartigen Benutzung der Daten des Komitees kann

Das Jahr der Untersuchung und der Titel der entspr. Ausgabe	Die Gesamtzahl der Ländereien in Deßjatinen, für welche die Erhebung stattgefunden hat	Bodenfläche in 46 Gouv., d. h. ohne Astrachan-, Livland- und Pensa-Gouvernements, das Dongebiet und die Kreise Ismail und Rostow
1877: „Statistik des Grundbesitzes".	377. 349. 135 ohne das Dongebiet und den Kreis Ismail, jedoch mit dem Kreis Rostow.	366 566 150
1877: „Verteilung der Grundstücke nach Liegenschaften".	406. 896. 927 für 50 Gouvernements, mit den Kreisen Ismail und Rostow.	378 279 041
1877: „Grundbesitz".	391. 103. 965 ohne das Dongebiet und den Kreis Ismail, aber mit dem Kreise Rostow.	376 392 485
1877: „Hauptergebnisse".	367. 461. 557 ohne die Gouvern. Astrachan, Livland, Pensa, Gebiet Don, Kreise Ismail und Rostow.	367 461 557
1887: „Hauptdaten".	382. 130. 567 ohne die Gouv. Astrachan, Livland, Pensa, das Dongebiet und den Kreis Rostow.	381 426 490
1889: Fläche nach Strelbitzkys Berechnung.	441. 947. 988 für 50 Gouvernements mit den Kreisen Ismail und Rostow.	396 822 550

an erster Stelle die Ausgabe des Ministeriums der Landwirtschaft und der Domänen: „Die Zusammenstellung der statistischen Daten über die Landwirtschaft Rußlands am Ende des 19. Jahrhunderts" (St. Petersburg 1902) genannt werden, wo die Fläche des Grundbesitzes im Jahre 1887 nach den Daten des Statistischen Zentralkomitees mit der Fläche vom Jahre 1877 verglichen wird, obgleich — wie es oben erörtert wurde — diese Daten ganz unvergleichbar sind: die erstere umfaßt sowohl die brauchbaren als auch alle unbrauchbaren Ländereien, bei der zweiten sind die unbrauchbaren Bodenflächen des Bauernanteils nicht inbegriffen. Ein anderes Beispiel liefert das Werk von

A. Dojarenko: „Die Bewegung des russischen Grundbesitzes" (M., 1899). Obgleich die in den Daten von 1877 fehlenden Zahlen im Vergleich zu denen von 1887 sich hauptsächlich auf die brauchbaren Ländereien des bäuerlichen Anteillandes beziehen, verteilt der Verfasser diese Fehlsumme unter alle Kategorien des Grundbesitzes und vergleicht nachher die Daten für die beiden Jahre nach den einzelnen Kategorien, wobei er auf Grund eines solchen Vergleiches verschiedene Schlußfolgerungen über die Änderung der Bodenfläche zieht. Denselben Fehler übrigens begeht auch das Komitee selbst, indem es die Bodenflächen von 1887 und 1877 nicht nur in den Kategorien vergleicht, welche nicht zum Anteilland gehören, sondern auch in den Rubriken des Anteillandes und der Gesamtfläche der Ländereien, obgleich eine derartige Zusammenstellung in den beiden letzten Rubriken durchaus unstatthaft ist. Ein sorgfältig durchgeführter Vergleich der Gouvernementsflächen von 1877, welche in der Ausgabe „Hauptdaten der Grundbesitzstatistik nach der Untersuchung von 1887" angeführt sind, mit denselben Flächen in der Ausgabe „Grundbesitz des europäischen Rußlands 1877 bis 1878" hat ferner offenbart, daß das Komitee in der Tabelle 1 seiner ersten Ausgabe (Statistik des Grundbesitzes und der besiedelten Ortschaften") die von den Gemeinden angekauften Grundstücke zu dem Anteilsland hinzugezählt hat, indem es die entsprechende Rubrik „Grundstücke, die im Besitz oder in der Nutznießung der Bauerngemeinden sind" betitelt hat. In den darauffolgenden Tabellen sind die Zahlen über das Anteilsland und die angekauften Grundstücke gesondert angegeben; in der Ausgabe von 1886 („Statistik des Grundbesitzes 1877 bis 1878") führt das Komitee dieselben Ländereien, welche im Besitz und in der Nutznießung der Bauerngemeinden sich befinden, in fünf gesonderten Rubriken an: 1. brauchbares Anteilland, 2. unbrauchbares Anteilland, 3. Gesamtfläche (Rubrik 1 u. 2), 4. von ganzen Gemeinden zugekaufte Grundstücke und 5. im ganzen (Rubrik 3 u. 4). Im Vorwort zu den Lieferungen der „Hauptdaten der Grundbesitzstatistik nach der Untersuchung von 1887" erklärt das Komitee im allgemeinen, daß die zugekauften Grundstücke von ihm zum privaten Grundbesitz hinzugerechnet sind. Laut dieser Erklärung wäre zu erwarten, daß in die Rubrik des „bäuerlichen Anteillandes" im Jahre 1877, welches hier zwecks Vergleiches angeführt wird, die Zahlen der Rubrik 3 der Ausgabe 1886 eingeschlossen sein würden; indes ist das gar nicht der Fall, sondern nimmt das Komitee zum Vergleiche ganz verschiedene Zahlen: bald die des brauchbaren Anteillandes (Gouvernements: Kasan, Kaluga, Mohilew, Moskau, Orenburg, Poltawa, Ssaratow, Smolensk, Tambow, Twer, Tula, Cherson, Tschernigow und Jaroslawl), bald die des ganzen — sowohl brauchbaren als auch unbrauchbaren — Anteillandes (Gouvernements: Wladimir, Perm, Podolien und Taurien), bald schließlich die Summen der brauchbaren Anteilländereien mit den zugekauften (in den übrigen 28 Gouvernements). **Es ist also in keinem einzigen Gouvernement eine richtige Zusammenstellung des bäuerlichen Anteillandes gemacht, sondern überall, außer den vier Gouvernements der zweiten Gruppe, sind die unbrauchbaren Ländereien für das Jahr 1877 mit einbegriffen, für das Jahr 1887 ausgeschlossen worden**, und zwar nicht nur aus der Zahl der Anteilländereien, sondern auch aus der Gesamtsumme aller Liegenschaften überhaupt. **Ebenso werden auch die zugekauften Grundstücke im Jahre 1877 verschieden und zwar: bald im Anteilland, bald im privaten Grundbesitz angegeben, zuweilen gänzlich ausgeschlossen** (Gouvernement Kaluga), während sie im Jahre 1887, wie das Komitee erklärt, überall zum Privateigentum hinzugerechnet worden sind. Es kann selbstverständlich vorausgesetzt werden, daß die zugekauften Grundstücke nach den neuen Angaben sich als Anteilsland herausgestellt haben; aber derartige Berichtigungen konnte nur einen Teil solcher Grundstücke in dem einen oder dem anderen Kreise berühren, durchaus aber nicht die ganze Fläche derselben in ganzen Gouvernements umfassen. Es bleibt nur noch auf ein Mißverständnis hinzuweisen, welches bei der Benutzung der Zahlen des Komitees in der Ausgabe der Untersuchung von 1887 entsteht. In der Tabelle I jedes Heftes werden in den Rubriken 17 und 18 die prozentualen Angaben über die Zu- (+) oder Abnahme (—) der Fläche von 1887 im Vergleich zu den Berechnungen Strelbitzkys und der Bodenfläche von 1877 angeführt. Tatsächlich aber bestimmt das Komitee das Prozentuale im Verhältnis nicht zu den Bodenflächen nach Strelbitzky und vom Jahre 1877, sondern in beiden Fällen zu der Fläche von 1877, weshalb die Zahlen des Komitees erst dann allgemeinverständlich werden, wenn die ersten beiden Bodenflächen auf die Bodenfläche von 1887 bezogen und dabei die Zeichen verändert werden (statt des Plus- das Minuszeichen gesetzt wird und umgekehrt).

Wenn wir zur Frage von der Verteilung des Grundeigentums unter die einzelnen Kategorien der Besitzer übergehen, so müssen wir zu allererst auf das Fehlen der Rubrik des „gemeinschaftlichen" Grundbesitzes in den Ausgaben des Komitees hinweisen, welcher Umstand schon an und für sich das tatsächliche Verhältnis der verschiedenen Kategorien von Grundbesitz zueinander verdunkelt. Außerdem konnte diese Tatsache zur Doppelzählung derselben Grundstücke führen, worauf auch das Komitee selber hinweist. Indeß kommen derartige Besitztümer in vielen Kreisen vor und zwar zuweilen in sehr bedeutendem Umfange (im Kreise Gorochow, Gouvernement Wladimir sind es z. B. über 70 000 Deß., im Kreise Ssemenow, Gouvernement Nishny-Nowgorod, etwa 110 000 Deß.). Eine Möglichkeit der Doppelzählung liegt auch für die bäuerlich-fiskalischen Forstgüter vor, welche, obgleich selten, sogar doppelt besteuert werden, wie das aus den Steuerrepartitionen der Landschaften zu ersehen ist.

Abgesehen davon begegnen wir in den 50 Gouvernements des europäischen Rußlands Kategorien von Besitzern mit so eigenartigen Besitz- und Nutzungsformen, daß dieselben dank ihren Besonderheiten unter den im übrigen Rußland üblichen Kategorien mit Schwierigkeit, zuweilen aber überhaupt gar nicht untergebracht werden können. Hierher gehören beispielsweise die Baschkiren, Teptjaren und Meschtscherjaken in den 5 östlichen Gouvernements (Wjatka, Perm, Ufa, Orenburg und Ssamara), die früheren kleinrussischen Kosaken (Poltawa und Tschernigow), die früheren asowschen Kosaken (Ekaterinoslaw), die früheren neurussischen (Bessarabien), astrachanschen (Astrachan, Ssaratow, Ssamara), endlich orenburgschen und donschen Kosaken; die Reseschen im Gouvernement Bessarabien, die Bauern der drei Ostseeprovinzen, die sog. weißen Ackerbauer (Kostroma), die Kleinbürger mit den Rechten von Bauern (Kowna), die Schlachta von Smolensk (Ssamara), die jüdischen Landleute (in den Westgouvernements), die Zaranen (Bessarabien), die verabschiedeten Soldaten (in verschiedenen Gouvernements), die Umetniks (Astrachan), die Panzerbojaren, freie Ackerbauer, freie Leute; die mannigfaltigen Arten von Kolonisten (Ansiedler von jenseits der Donau, Griechen, Armenier, Bulgaren), Lootsen, Matrosen usw.

Die Landflächen, welche anfänglich als Eigentum der Baschkiren galten, wurden noch im XVI. Jahrhundert allmählich von verschiedenen anderen Fremdvölkern (Teptjaren, Meschtscherjaken, Wogulen), als auch von Russen (landlosen Bauern, die „Bobyls") als „Zugelassenen", d. h. als Pächter für einen bestimmten von den Parteien vereinbarten Pachtzins besiedelt. Die unzähligen Unruhen und Aufstände unter den Baschkiren riefen verschiedene Unterdrückungsmaßregeln seitens der Regierung hervor, unter anderem auch die Einziehung der Güter der aufständischen Baschkirenstämme zugunsten der friedlich gesinnten übrigen Baschkirenstämme als auch der Zugelassenen, die sich auf den Grundstücken der Baschkiren niedergelassen hatten. Eine Folge davon war eine endlose Reihe von Zwistigkeiten zwischen den Baschkiren (den Erbbesitzern) und deren Pächtern (den Zugelassenen). Erst das Gesetz vom 10. April 1832 unternahm eine Regelung des baschkirischen Grundbesitzes, indem es die Baschkiren als Eigentümer aller derjenigen Bodenflächen anerkannte, „welche denselben unbestritten gehören". Schließlich wurden „besondere Bestimmungen über die Anteile der Zugelassenen in den baschkirischen Stammgütern" (Anlage zum Art. 15 der Baschkirenordnung) herausgeben, welchen zufolge die erbbesitzlichen Baschkiren je 40 Deß. auf eine Seele, die Zugelassenen aus demselben Stammgut je 30 Deß. pro Seele erhielten, das übrige Land den erbbesitzlichen Baschkiren als volles Eigentum (mit Verkaufsrecht) überlassen wurde. Aus dem Anteil von 30 Deß. erhielten ihrerseits die Zugelassenen nur 15 Deß., das übrige Land wurde zum „Reserve"land gestempelt, und bildete gleichsam einen Landfonds für alle Zugelassenen überhaupt, nicht nur für die Mitbesitzer des einen oder des anderen Gutes. Diese Reserveländereien, die von dem Ministerium der Domänen verwaltet wurden, wurden mit der Zeit irrtümlich für Kronländereien gehalten, was auch die berüchtigte Beraubung der Baschkiren in den siebziger Jahren ermöglichte. Daraus allein kann man ersehen, wie kompliziert und verwirrt der Grundbesitz der Baschkiren ist und wie schwer es fällt festzustellen, welche von den vier Arten des baschkirischen Grundbesitzes mit dem üblichen Begriffe des „Anteillandes" sich deckt. Das Statistische Zentralkomitee gibt keinerlei Winke zum Verständnis dessen, was es der Verteilung des baschkirischen Grundbesitzes unter die verschiedenen Kategorien von Eigentum zugrunde gelegt hat, und wird deshalb der Umfang seiner Rubriken in diesem Falle unbestimmt und untauglich für den Vergleich.

Die eigenartige Form des Grundbesitzes der „Reseschen" in Bessarabien kann an und für sich weder zum privaten Grund- noch zum gemeindlichen „Anteils"besitz gerechnet werden. Die Grundstücke der Reseschen, die teils durch Kauf, teils durch Belohnung für Dienste noch zurzeit der moldauischen Gospodaren entstanden sind, stellen augenscheinlich eine Art von Privateigentum vor; aber auf Grund eines örtlichen Gesetzes („fürstliche Ratifikation vom 28. Dezember 1785"), welches eine obligatorische gleichmäßige Verteilung des

Besitzes unter den Erben beiderlei Geschlechtes vorschrieb, mußten die Grundstücke unbedingt einer endlosen Zerstückelung unter den Angehörigen eines und desselben Stammes oder Dorfes unterliegen, da bei einer Veräußerung des Landes den in demselben Dorf angesiedelten Reseschen der Vorzug gegeben werden muß. Trotzdem also das Land der Reseschen seiner Herkunft nach einen privaten Grundbesitz bildete, erwarb es allmählich alle Charakterzüge und besonderen Eigenschaften des Gemeindebesitzes, anfangend mit seiner Unveräußerlichkeit an Angehörige eines anderen Stammes oder einer anderen Gemeinde sowie mit dem Rechte jedes Mitinhabers desselben auf ein Gehöft auf einem gemeindlichen Grundstück und auf einen bestimmten Teil des Gemeindeeinkommens von diesem Lande, und endigend mit der gemeinschaftlichen Benutzung des Bodens, welche sich als unvermeidliches Ergebnis der äußersten Zersplitterung des Grundbesitzes einstellte, einer Zersplitterung, bei welcher mehrere persönliche Eigentümer die Größe von 1—2 Parmak erreichten (Parmak ist ein Bodenmaß von der Länge des ganzen Grundstücks und von der Breite eines Gliedes des Daumens). Indem das Komitee den Reseschenbesitz in Anteilland und Privateigentum einteilt, gibt es die Grundlagen dieser Einteilung nicht an, was selbstverständlich den Vergleich seiner Zahlen mit den Daten anderer Quellen der erwünschten Zuverlässigkeit verlustig gehen läßt.

Der bäuerliche Grundbesitz in den Ostseeprovinzen unterscheidet sich durchaus von den Formen desselben, welche sich auf der übrigen Fläche Rußlands gebildet haben. Die Bauern der Ostseeprovinzen erhielten in den Jahren 1816—1819 die „persönliche" Freiheit (ohne Anteilland) und konnten sie das Land der privaten Adelsgüter nur als Pachtland benutzen, und zwar auf dem Wege des freien Vertrages; nur die Gesetze vom 5. Juni 1856 (für das Gouvernement Esthland), vom 13. November 1860 (Livland) und 6. September 1863 (Kurland) und spätere Bestimmungen erteilten den Bauern das Recht, die von ihnen gepachteten Grundstücke loszukaufen, jedoch durften sie auf keine Hilfe seitens der Regierung rechnen. Wegen des Mangels an fiskalischem Interesse an den Verträgen zwischen den Pächtern und Grundbesitzern und infolge des eigenartigen Verwaltungswesens in diesen Provinzen, werden die Daten über die Zahl und den Umfang solcher Verträge von der Regierung nur in großen Zügen registriert. Da das Komitee diese Eigenartigkeit des bäuerlichen Grundbesitzes in den Ostseeprovinzen anerkannte, wagte es nicht diese Grundstücke seiner allgemeinen Rubrik des „Anteillandes" einzuverleiben und nannte es sie „bäuerliche Grundstücke im Privateigentum und privater Nutzung der Mitglieder der bäuerlichen Gemeinden." Dabei teilte es dieselben in zwei Kategorien ein, betitelt: „bäuerlicher Grundbesitz" und „davon im Privateigentum"; übrigens haben sich im Gouvernement Livland die Grundstücke im „Privateigentum" der Bauern aus dem „bäuerlichen" Grundbesitz überhaupt nicht ausscheiden lassen.

Schließlich kann man auf die im Gouvernement Archangelsk vorkommende Form des Grundbesitzes „nach dem Rechte der Rodung von Waldland" hinweisen. Da die früheren Staatsbauern von der Einstellung der Landanteilung betroffen wurden, wurde denselben auf Grund der Gesetze vom 9. November 1870 und vom 13. März 1873 das Recht auf Rodungsländereien erteilt; sie zahlen für diese Grundstücke im Laufe von 40 Jahren keine Zinssteuer, es werden aber ihnen Besitzurkunden auf dieselben ausgestellt. Es unterliegt keinem Zweifel, daß die Grundstücke, welche den Bauern nach dem Rechte der Rodung überlassen werden, sich mit dem Begriff des Anteillandes vollständig decken; es sind indes solche Grundstücke in der Ausgabe des Komitees nicht nur im Gemeindebesitz, sondern auch im persönlichen Privateigentum verzeichnet.

Wenn man noch hinzufügt, daß in den übrigen Quellen meistenteils überhaupt jeder Hinweis darauf fehlt, zu welcher Rubrik die einen oder die anderen von den obengenannten mannigfaltigen Arten der Bauernkategorien gezählt worden sind, so läßt sich die Schwierigkeit des Vergleichs der Zahlen des Komitees mit den anderen Daten leicht vergegenwärtigen. Wir können nicht umhin, hier auch die, sozusagen, äußeren Mängel der Ausgaben des Statistischen Zentralkomitees zu erwähnen. Wenn seine ersten Ausgaben („Statistik des Grundbesitzes") in dieser Beziehung den strengsten Anforderungen entsprechen, so sind die folgenden Ausgaben nicht frei von Fehlern, zuweilen — leider — sehr grober Natur. Wir können z. B. auf das Gouvernement Ssaratow hinweisen, für dessen Kreise Chwalyn und Kamyschin in der Ausgabe über die Untersuchung von 1887 genau diejenigen Zahlen des bäuerlichen Anteillandes für das Jahr 1878 wiedergegeben sind, welche in den Tabellen der „Statistik des Grundbesitzes" enthalten sind. Dabei aber ist ganz außer acht gelassen, daß diese Zahlen durch einen Druckfehler entstellt sind, welchen das Komitee selbst in seiner Druckfehlerliste angeführt hat (für den Kreis Chwalyn ist die angegebene Zahl um 72 000 Deß., d. h. um 23%, größer als die tatsächliche (für den Kreis Kamyschin um 54 000 Deß., d. h. um 8% kleiner). Für das Gouvernement Olonetz sind in der kombinierten Tabelle 8 549 231 Deß. Apanage- und Domänenlandes angegeben; indes sind in den ausführlichen Tabellen außer dieser Zahl, welche sich nur auf die Krone bezieht, noch 18 410 Deß. Apanagebesitzes angeführt, in dem Kreis Wytegra, was im Verhältnis zur Fläche des Kreises beinahe 2% ausmacht[1].

So sprechen die sachkundigen Verfasser der Erläuterungen zu den statistischen Materialien der „Zentrumskommission".

Wenn wir die für die „Zentrumskommission" berechneten Daten mit den Angaben des statistischen Zentralkomitees vergleichen, so erhalten wir zwei unten angeführte Zahlenreihen, welche die verschiedenen Größen eines und desselben Mobilisationsfonds je nach der Feststellungsmethode darstellen.

[1] Im Anhange sind die Ergebnisse der letzten, dritten Erhebung (von 1905) angeführt.

Mobilisationsfonds[1]
(in Millionen Deßjatinen)

Jahre	Besteuerter Grundbesitz			Privater Grundbesitz		
	Total	des Adels	d. Bauern	Total	des Adels	d. Bauern
1875	97,4	71,6	5,3	—	—	—
1877	97,8	70,2	7,1	92,3	73,1	5,8
1887	99,8	65,8	11,6	95,7	65,3	12,6
1897	101,1	57,8	16,5	—	—	—
1900	102,0	54,0	19,9	—	—	—
	Zentrumskommission			Stat. Zentr.-Komitee.		

Somit muß man bei der Beurteilung des zum privaten Grundbesitz gehörenden Teils der Mobilisationsfonds mit der größten Vorsicht vorgehen. Sein Umfang ist nicht genau bekannt, denn die Daten balancieren für das Jahr 1900 zwischen 84 und 102 Millionen Deßjatinen für den gesamten Landfonds, zwischen 54 und 55,5 Millionen Deßjatinen für den Besitz des Adels und zwischen 19,9 und 20,9 Millionen Deßjatinen für den bäuerlichen Grundbesitz, d. h. in solchen Grenzen, welche sehr beträchtlich sind und die Genauigkeit vieler Berechnungen vereiteln.

Die Gesamtfläche aller Besitzkategorien in 50 Gouvernements des europäischen Rußlands ist annähernd gleich 375,5 Millionen Deßjatinen, welche sich etwa folgendermaßen verteilen[2]:

---

[1] Vom Jahre 1907 beginnt das Land in den Fällen des Ausscheidens aus der Gemeinde nach dem Gesetz vom 9. November 1906 zum Privateigentum zu werden. Bis zum 1. September 1908 sind bereits 300 000 Hofbesitzer aus den Gemeinden ausgeschieden.

[2] Schidlowsky und Lwow kommen in ihren unlängst gemachten Berechnungen zu etwas abweichenden Ergebnissen, was teilweise darauf zurückzuführen ist, daß hier nicht vom gesamten, sondern nur vom besteuerten Grund und Boden die Rede ist.

Arten der Ländereien	Millionen Deßjatinen
Gesamtfläche der besteuerten Ländereien	262,9
1. Bäuerliches Land im ganzen	152,1
2. Darunter Anteilland	128,3
3. Grundbesitz der Städte und Behörden	5,9
4. Privater Grundbesitz: Landwirtschaftlich benutzte Flächen	39,12 } 71,9
Forsten	32,17

1. Bäuerliches Anteilland (Daten von 1887) . . 142,73 Mill. Deß.
2. Zugekauftes Bauernland (1904)[1] . . . . 18,27 „ „
3. Privater Grundbesitz, mit Ausnahme des bäuerlichen (1887) . . . . 87,49 „ „
4. Der Krone gehörend (1904)[1] . . . . 109,17 „ „
5. Besitz der Apanagen (1904)[1] . . . . 7,79 „ „
6. Grundbesitz der Kirchen und Stifte (1887) 2,28 „ „
7. Im Besitz der Städte und verschiedener Behörden (1887) . . . . 7,77 „ „

Davon sind mobil: das zugekaufte Bauernland (18,27 Millionen Deßjatinen), der private Grundbesitz (87,49 Millionen Deßjatinen) und vom Jahre 1906 ab ein Teil des Apanagebesitzes (4,1 Millionen Deßjatinen), d. h. im ganzen 109,86 Millionen Deßjatinen. Der Rest, also 265,64 Millionen sind immobil.

Die Verteilung des privaten Grundbesitzes unter den Ständen war in den beiden Zonen, in dem Schwarzerde- und Nichtschwarzerdegebiet ziemlich gleichmäßig. Übrigens stimmen die Daten von 1877 und 1888 nicht überein.

So waren nach der Untersuchung von:

1877			
Gebiet der Schwarzerde 45 971 545	Adel	36 732 765 (79,9 %)	Im ganzen 92 253 617 Deß.
	Kaufleute	4 971 070 (10,8 %)	
	Bauern	2 099 053 (4,6 %)	
	Kleinbürger	832 531 (1,8 %)	
	Die übrigen Stände	1 336 121 (2,9 %)	
Nichtschwarzerdegebiet 46 382 072	Adel	36 433 979 (78,6 %)	
	Kaufleute	4 882 891 (10,4 %)	
	Bauern	3 669 543 (7,9 %)	
	Kleinbürger	1 067 072 (2,3 %)	
	Die übrigen Stände	388 587 (0,8 %)	

Arten der Ländereien		Millionen Deßjatinen
5. Kronländereien: Landwirtschaftl. benutzte Flächen	3,5	26,1
Forsten	22,6	
6. Apanagengüter: Landwirtschaftl. benutzte Flächen	1,6	4,5
Forsten	2,9	
7. Kirchen und Stiftungen gehörendes Land		2,3

(S. Schidlowsky und N. Lwow, Verteilung des Grundbesitzes in 44 Gouvernements des Europäischen Rußlands. St. Petersburg 1908.)

[1] Siehe „Die Statistischen Daten über die Agrarfrage im Europäischen Rußland". Herausgegeben von der Abteilung der Landwirtschaft. St. Petersburg 1906.

Ein etwas abweichendes Bild bietet die Untersuchung von

1887
{
Gebiet der Schwarzerde 47 437 504
{
Adel . . . . 32 215 181 (67,9 %)
Kaufleute . . . . . 6 461 690 (13,6 %)
Bauern . . . . . 6 073 964 (12,8 %)
Kleinbürger . . . . 1 344 880 (2,9 %)
Die übrigen Stände 1 342 189 (2,8 %)
}

Nichtschwarzerdegebiet 48 230 928
{
Adel . . . . 33 082 677 (68,6 %)
Kaufleute . . . . . 6 397 125 (13,3 %)
Bauern . . . . . 6 503 903 (13,5 %)
Kleinbürger . . . . 1 403 092 (2,9 %)
Die übrigen Stände 844 131 (1,8 %)
}
}
Im ganzen 95 668 432 Deß.

Wenn also die Feststellung der Fonds in einigen ganz allgemeinen Charakterzügen, die aber für eine genaue statistische Berechnung wenig brauchbar sind, noch möglich ist, so bietet die Feststellung des Umfanges der einzelnen Teile dieses Fonds, beispielsweise für die einzelnen Stände, noch größere Schwierigkeiten. Wenn man demnach — wie ich es voraussetze — die Daten über die Bewegung des Grundbesitzes im allgemeinen als verhältnismäßig richtig ansieht, so wird die Berechnung des Mobilisationsprozentsatzes desto mehr sich der Wahrheit nähern, je mehr die vorhandenen Daten über den Landfonds Rußlands der Wirklichkeit entsprechen. Wir wollen nun zur Erörterung des Mobilisationsprozesses, soweit er sich in den Zahlen abgespiegelt hat, übergehen.

B. Statistische Ergebnisse.

I. Allgemeine Ergebnisse der Mobilisation des privaten Grundbesitzes.

Zurzeit sind die statistischen Daten der einzelnen Jahre für 40 Jahre zusammengerechnet worden, die allgemeinen Daten für 42 Jahre zu zählen von der Reform vom 19. Februar 1861.

Die Zusammenrechnung wurde beim Jahrgang 1863 angesetzt, weil die entsprechenden Daten in den „Senatsnachrichten" für die ersten zwei Jahre nach der Reform, 1861 und 1862, äußerst mangelhaft waren. Vom Jahre 1863 ab, dem ersten Jahre der statistischen Zusammenrechnung wurden alle Bestandteile der Publikationen, und zwar: Bodenfläche, Wert des Bodens, Stand des Verkäufers und Stand des Käufers, gezählt. So erhielt man die Daten über die Anzahl der Geschäfte, über die Fläche des verkauften und gekauften Landes und über den Wert der beiden Gruppen; darauf machte es auch keine Schwierigkeiten, die Ergebnisse nach Ständen und nach der Größe des Grundbesitzes zu verteilen und die Durchschnittspreise des Landes zu berechnen. Als Ergebnis der ganzen Periode, auf die sich die Berechnung bezieht, d. h. vom Beginn der Arbeiten bis zum 1. Januar 1907, also für 40 Jahre (1863—1902) erhält man folgendes allgemeine Bild der Mobilisation.

1. **Mobilisation in 45 Gouvernements nach Jahrfünften (1863—1902)**[1].

Jahre	Anzahl der Kaufverträge	Anzahl der Deßjatinen (in Tausenden)	Wert in Taus. Rbl.	Durchschnittspreis einer Deßjatine
1863—1867	49 748	8 575	125 430	14 Rbl. 60 Kop.
1868—1872	58 235	11 195	218 651	19 „ 50 „
1873—1877	83 937	15 360	289 496	18 „ 80 „
1878—1882	119 488	18 136	403 237	22 „ 20 „
1883—1887	120 752	13 864	443 513	32 „ 20 „
1888—1892	133 628	13 595	546 979	40 „ 20 „
1893—1897	136 417	15 862	703 629	44 „ 40 „
1897—1902	191 340	19 714	1 303 047	66 „ 71 „

2. **Mobilisation der letzten 14 Jahre (1889—1902).**

Jahre	Anzahl der Kaufverträge	Anzahl der Deßjatinen (in Tausenden)	Wert in Taus. Rbl.	Durchschnittspreis einer Deßjatine
1889	25 294	2 590	110 718	42 Rbl. 74 Kop.
1896	24 835	3 234	141 088	43 „ 64 „
1897	28 710	3 141	166 963	53 „ 15 „
1898[2]	35 077	4 478	239 615	53 „ 50 „
1899[2]	38 976	4 469	278 341	62 „ 28 „
1900[2]	38 470	3 905	263 483	67 „ 38 „
1901[2]	39 054	3 333	260 658	78 „ 20 „
1902[2]	39 653	3 562	262 793	73 „ 77 „

Um den Gang dieses Prozesses anschaulicher zu machen, wollen wir die Zahlen für das erste Jahrzehnt, 1863—1872 als 100 annehmen. Dann erhalten wir:

Jahre		Anzahl der Kaufverträge	Anzahl der Deßjatinen	Wert
1863—1872		**100,0**	**100,0**	**100,0** Rbl.
1873—1882	45 Gouv.	188,4	169,4	201,0 „
1883—1892		235,6	138,9	288,0 „
1893—1897		252,7	160,3	409,0 „

---

[1] Von 88 777 278 Deßjatinen des ganzen privaten Grundbesitzes Rußlands, welcher 24,2 % der Gesamtfläche von 46 Gouvernements ausmachte.

[2] Für 47 Gouvernements.

Jahre		Anzahl der Kaufverträge	Anzahl der Deßjatinen	Wert
1898		324,8	226,4	696,0 Rbl.
1899		360,9	226,1	809,0 „
1900	47 Gouv.	357,0	197,7	765,5 „
1901		359,2	166,6	752,4 „
1902		**367,2**	**180,1**	**763,7** „

Aus dieser Tabelle ist zu ersehen, daß die Anzahl der Kaufverträge sich mehr als verdreifacht hat. Die Anzahl der Deßjatinen des Bodens, welcher in den Strudel des Warenumsatzes eingezogen wurde, erlebte zweimal eine eigenartige Schwankung: in dem Jahrzehnt 1873—1882 war die Bodenfläche der mobilisierten Grundvermögen größer nicht nur als im vorangehenden, sondern auch als im darauffolgenden Jahrzehnt; in dem Jahrzehnt 1893—1902 beobachten wir von neuen einen noch bedeutenderen Aufschwung. Der Wert der Grndeigentümer, welche im Laufe des letzten Jahrfünfts auf den Markt gelangten, ist mehr als 7 $^{1}/_{2}$ mal so groß geworden. Zu gleicher Zeit hat auch der Umfang der Kapitalien, die auf die Anschaffung des Grundbesitzes verausgabt wurden, bedeutend zugenommen und zwar ist er von 125,4 Millionen im ersten Jahrfünft bis zu 1 Milliarde 303,4 Millionen im achten Jahrfünft gestiegen. Schließlich hat sich auch der Durchschnittspreis des Bodens beinahe verdoppelt.

Die genannten Prozesse treten noch klarer hervor, wenn man die Mobilisation nach den durchschnittlichen Verkaufsgrößen und dem Durchschnittswert einer Besitzübertragung, die sich im Laufe dieser Periode sehr charakteristisch verändern, analysiert. Es haben sich nach einer entsprechenden Berechnung folgende Ergebnisse herausgestellt:

Durchschnittszahlen.

Jahre	Durchschnittsgröße der Verkäufe	Durchschnittswert einer verkauften Besitzung in Rubeln	Durchschnittspreis einer Deßjatine
1863—1872	183,1 Deß.	3186 Rbl. 40 Kop.	17 Rbl. 40 Kop.
1873—1882	164,7 „	3405 „ 80 „	20 „ 67 „

Jahre	Durchschnittsgröße der Verkäufe	Durchschnittswert einer verkauften Besitzung in Rubeln	Durchschnittspreis einer Deßjatine
1883—1892	107,9 Deß.	3893 Rbl. 70 Kop.	36 Rbl. 07 Kop.
1893—1897	116,3 „	5157 „ 93 „	44 „ 36 „
1898	127,7 „	6831 „ 12 „	53 „ 50 „
1899	114,7 „	7143 „ 30 „	62 „ 28 „
1900	101,37 „	6828 „ 10 „	67 „ 38 „
1901	85,4 „	6674 „ 03 „	78 „ 20 „
1902	89,83 „	6627 „ 30 „	73 „ 77 „
1997—1902	101,7 „	6825 „ — „	66 „ 71 „

Dasselbe, ausgedrückt in Prozenten, wobei die Daten von 1863—1872 als 100 angenommen werden:

Jahre	Durchschnittsgröße der Verkäufe	Durchschnittswert einer verkauften Besitzung	Durchschnittspreis einer Deßjatine
1863—1872	100,0	100,0	100,0
1873—1882	89,9	106,9	118,8
1883—1892	59,8	122,2	212,5
1893—1897	63,0	162,9	254,9
1898	69,7	214,4	307,5
1899	62,9	224,2	357,9
1900	55,3	214,3	387,2
1901	46,3	209,4	451,5
1902	49,1	208,0	423,9
1897—1902	**55,7**	**214,1**	**385,6**

Aus den angeführten Tabellen muß gefolgert werden, daß die Durchschnittsgröße eines mobilisieten Grundstücks allmählich und unverwandt fällt. Hingegen sind der Durchschnittswert des Grundbesitzes und der Durchschnittswert einer Deßjatine im stetigen und raschen Steigen begriffen.

Somit ist die wichtigste wirtschaftliche Tendenz unserer Mobilisation sehr bestimmt und typisch: es lassen sich eine Zerstückelung des Grundbesitzes, eine bedeutende Zunahme der Landpreise und ein rasches Wachsen des Mobilisationsprozesses andeuten. Somit erwirbt der Grundbesitz immer mehr alle charakteristischen Eigenschaften einer gewöhnlichen Ware.

Das sind die allgemeinen Ergebnisse, welche man bei der Betrachtung der Gesamtzahlen erhält[1]. Wenn man aber die Daten nach zwei Gruppen von Gouvernements, dem Schwarzerde- und Nichtschwarzerde-Gouvernement prüft, so bemerkt man einen wesentlichen Unterschied in ihren Bodenpreisen.

Wenn wir z. B. die Zahlen für das letzte Jahrzehnt, 1888—1898, nehmen, so stellt sich folgendes heraus:

1. Die größte Anzahl von Verkäufen von Grundbesitz war in den Jahren 1888—1898 in den kleinrussischen, den mittleren industriellen und den nördlichen Gebieten zu verzeichnen, wo sie 49 % der Gesamtzahl der Verträge in 45 Gouvernements im Laufe des besagten Jahrzehnts ausmachten. Die Zahl der Kaufverträge in dem Gebiete von Noworossijsk, dem nordwestlichen Gebiete und den beiden Gruppen des mittleren landwirtschaftlichen Gebietes war innerhalb desselben Zeitraumes gleich 38 % ihrer Gesamtzahl. In den übrigen 5 Gebieten war die Anzahl der Kaufverträge verhältnismäßig gering — etwa 13 % ihrer Gesamtzahl. Besonders wenig Kaufverträge waren im nordöstlichen Gebiet zu verzeichnen.

2. Nach der Anzahl der Deßjatinen des im Laufe derselben Periode veräußerten Grundbesitzes gruppieren sich die Gebiete nur etwas anders. Am meisten Deßjatinen

---

[1] Die oben angeführten Daten wären unvollständig, wenn wir sie nicht im Rahmen der allgemeinen russischen Verhältnisse betrachten würden. Wenn man in Rußland im ganzen 367,5 Millionen Deßjatinen Land rechnet, wovon 24,2 % (also 88,8 Mill. Deß.) privaten Grundbesitz bilden, so entfallen auf die drei wichtigsten Arten der Mobilisation 5,5 Mill. Deß., was etwa 6 % des gesamten Privatgrundbesitzes und etwa 1,4 % des gesamten Grund und Bodens in 46 Gouvernements des europäischen Rußlands ausmacht. Von diesen beiden Koeffizienten ist 6 % der wichtigste, denn die Hauptmasse der auf dem Markte angebotenen Ländereien entstammt dem mobilen Fonds des privaten Grundbesitzes. Dieser Koeffizient zerfällt seinerseits in drei Bestandteile, etwa im Verhältnis von 70 : 29 : 1. Die Hauptmasse der Fälle (70 %) kommt auf die Zahl 4, welche eben den wirklichen Koeffizienten der Bewegung des Grundbesitzes in Rußland vorstellt.

wurden verkauft im nordwestlichen, etwa 4,5 Millionen Deßjatinen, dann im mittleren indnstriellen und im nördlichen Gebiet, und zwar im ganzen für diese drei Gebiete 44 % der Gesamtfläche des verkauften Landes. Darauf folgen die Gebiete: Noworossijsk, das östliche, die südöstliche Gruppe des mittleren ackerbauenden Gebiets und das südwestliche Gebiet, in welchen 36 % vom ganzen durch Kauf und Verkauf mobilisierter Grundbesitz veräußert werden. Auf die übrigen fünf Gebiete entfallen etwas über 6 Millionen Deßjatinen verkauften Landes oder etwa 20 % der Gesamtfläche, davon auf die nordwestliche Gruppe des mittleren ackerbauenden Gebietes etwa 5 % und auf das kleinrusssische Gebiet, welches der Anzahl der abgeschlossenen Kauf- und Verkaufsverträge nach den ersten Platz inne hat, 1,3 Millionen Deßjatinen oder etwa 4 % (in diesem Gebiete ist der Umfang der verkauften Grundstücke der geringste und zwar ca. 24 Deß.). Wenn man die mittleren Preise für eine Deßjatine in den einzelnen Gebieten im Laufe von sieben aufeinander folgenden Jahrfünften vergleicht, so sieht man daß diese Preise im Laufe des letzten Jahrzehnts im Vergleich zu denen des ersten und zweiten Jahrzehnts überall gestiegen sind.

Die Betrachtung derselben Preise für jede von den sieben Jahrfünften zeigt, daß 1. die späteren Landpreise in Neu-, Kleinrußland und den beiden Gruppen des mittleren ackerbauenden Gebiets ununterbrochen gestiegen sind; 2. daß die Preise in den Nichtschwarzerde-Gouvernements die der Schwarzerde-Gouvernements im ganzen überholt haben — was eine höchst interessante und eigenartige Erscheinung vorstellt. In den übrigen Gebieten stockte die Zunahme der Preise in den einzelnen Jahrfünften oder sind sogar die Preise etwas gesunken. Dessenungeachtet war im Endergebnis die Zunahme des Bodenwertes allgemein.

In den Jahresdaten weisen einige auf die beiden Begleiterscheinungen der europäischen Mobilisation — die Parzellation und die Konzentration — hin, es sind aber diese beiden Erscheinungen noch nicht aufgeklärt. So z. B.

würde sich bei den Zahlen von 1893—1895 ergeben, daß die Konzentration bei 8,9 Millionen Deßjatinen (93 %) der Gesamtsumme), die Parzellation bei 700 000 Deß. (7 %) sich abspielt[1].

Es war bereits oben gesagt, daß die Bodenpreise in Rußland unaufhörlich und rasch wechseln; so ist der Durchschnitt des Landes im Laufe von 40 Jahren von 14 Rbl. 60 Kop. bis auf 73 Rbl. 70 Kop. gestiegen. Wenn man die Preise für die Nichtschwarzerde-Gouvernements von denen für die Schwarzerde-Gouvernements absondert, so sieht man den Unterschied zwischen denselben in jeder Gruppe der Gouvernements mit größerer Klarheit. Das zeigen folgende Zahlen, wobei wir uns nur mit der Analyse der Durchschnittspreise befassen werden.

Die Landpreise waren im Laufe von neun Jahren (1893—1901) wie folgt:

Jahre	Durchschnitts-preis	Schwarz-erde-Gouvern.	Nicht-Schwarz-erde-Gouvern.
1893	41,89	66,02	21,44
1894	41,78	63,73	24,94
1895	41,65	65,43	23,55
1896	43,65	67,47	26,64
1897	53,54	69,98	32,99
1898	53,50	84,03	27,03
1899	62,28	87,69	34,25
1900	67,47	86,15	41,54
1901	78,20	96,69	51,26

Die Höhe der Durchschnittspreise wies in den einzelnen Kategorien des Grundbesitzes, je nach dem Umfang der Kaufverträge, eine noch größere Mannigfaltigkeit auf. Aus

---

[1] Diese, übrigens nicht ganz klare und ziemlich willkürliche Berechnung ist von W. Jablonsky gemacht worden. Siehe sein Referat „Über die Mobilisation des Grundbesitzes in Rußland" in der Sitzung vom 28. Dezember 1901. (Die Arbeiten der statistischen Subsektion des XI. Kongresses der russischen Naturforscher und Ärzte in St. Petersburg. Herausg. von der Freien Wirtschaftlichen Vereinigung St. Petersburg, 1902, S. 30.)

der unten angeführten Tabelle lassen sich die Durchschnittspreise im Laufe von 39 Jahren (1863—1901) ersehen.

Durchschnittspreise nach dem Umfang der Landverkäufe.

Jahre	Für 45 Gouv. im allgemeinen	Schwarzerde-gouvernements	Nicht-Schwarz-erdegouvern.	Nach dem Umfang der Verkäufe							
				Im ganzen für 45 Gouvern.			Schwarzerde-gouvernement			Nicht-Schwarz-erdegouvern.		
				kleine	mittl.	große	kleine	mittl.	große	kleine	mittl.	große
1863—1872	17,40	22,55	10,90	55.11	22,62	14,80	59,69	27,80	20,20	52,98	16,50	7,11
1873—1882	20,67	30,75	11,56	73,72	28,40	16,75	76,11	38,24	26,17	65,25	18,96	5,87
1883—1892	36,07	55,40	19,79	86.45	44,40	28,08	96,58	61,55	44,45	68,04	22,28	9,48
1893—1897	44.36	66,67	25.62	108,39	57,80	35,29	116,54	80,80	56,62	98,51	35,14	18,98
1898	53,50	84,03	27,03	154,63	73,28	41,12	132,43	90,95	76,32	192,27	45,30	17,66
1899	62,3	87,7	34,3	145,5	79,9	49,8	145,5	100,4	77,0	145,8	51,0	23,5
1900	67,47	86,15	41,54	117,09	81,33	56,81	135,72	101,40	74,29	89.88	51.64	33,34
1901	78,20	96,69	51,26	138,38	90,51	65,60	148,28	111,13	83,13	122,98	59,17	40,84

Aus dieser Tabelle sieht man, daß die Preise in allen einzelnen Gebieten zunehmen; am schnellsten war diese Zunahme der Bodenpreise in Klein- und Neurußland und zwar erreichte sie in den letzten Jahren 20 % für Klein- und ganze 40 % für Neurußland. Was das Maximum und Minimum anbelangt, so ließ sich im Laufe von 30 Jahren (1863—1892) folgendes beobachten:

1. Die niedrigsten Preise waren in den nordöstlichen, den östlichen und den nördlichen Gebieten und zwar waren sie um 65 % niedriger als der Durchschnittspreis.

2. Die höchsten Preise waren in den Gebieten der nordwestlichen Gruppe der mittleren ackerbauenden Zone und zwar um 113 % höher, als der Durchschnittspreis.

3. Der Norm nähert sich am meisten das Gebiet der mittleren Wolga; die übrigen Gebiete weichen nicht mehr als um 40 % ab.

Sodann läßt sich mit derselben Bestimmtheit beobachten, daß der Durchschnittspreis bei kleinen, mittleren und großen Kaufverträgen durchaus nicht derselbe ist und daß die Durchschnittspreise desto höher sind, je geringer der durchschnittliche Umfang des verkauften Grundstückes ist.

Während man in dem Nichtschwarzerdegebiet 1 Deß. eines großen herrschaftlichen Gutes für 8 Rbl. 48 Kop. erwerben kann, muß man für 1 Deß. kleinen, 25 Deß. nicht übersteigenden Besitzes 68 Rbl. 4 Kop. zahlen. Eine geradezu enorme Differenz!

Dieselbe Erscheinung wiederholt sich auch in dem darauffolgenden Jahrfünft (1893—1897), wie es die unten angeführte Tabelle zeigt. Während 1 Deß. des Großgrundbesitzes für 35 Rbl. 21 Kop., des mittleren für 57 Rbl. 80 Kop. verkauft wird, realisiert sich 1 Deßjatine des kleinen Grundbesitzes zu je 108 Rbl. 40 Kop.

Der Mobilisationsprozeß verlief in den verschiedenen Arten des Grundbesitzes nicht gleichmäßig,

Wir führen hier zu allererst die Durchschnittsgrößen der verkauften Grundstücke im Laufe von 39 Jahren in allen 45 Gouvernements an:

Jahre		Anzahl der Kaufverträge	Anzahl der Deßjatinen	Wert Tausend Rubel	Durchschnittsgröße eines verkauften Grundst.	Durchschnittspreis einer Deß.
1863 bis 1872	kleine	6 109	46 538	2 565	7,62	55,11
	mittlere	3 940	467 992	10 608	118,7	22,62
	große	749	1 462 509	21 235	1 952,6	14,8
1873 bis 1882	kleine	12 641	86 658	6 186	6,85	73,72
	mittlere	6 550	803 715	23 018	122,5	28,6
	große	1 151	2 459 298	40 068	2 137,5	16,75
1883 bis 1892	kleine	17 048	109 766	9 485	6,41	86,45
	mittlere	7 343	862 652	38 388	117,5	44,4
	große	1 047	1 773 551	51 174	1 693,1	28,8
1893 bis 1897	kleine	18 479	116 781	12 658	6,32	108,39
	mittlere	7 742	905 251	52 322	116,9	57,80
	große	1 066	2 151 524	75 765	2 018,3	35,22
1898	kleine	23 596	148 604	23 028	6,3	154,63
	mittlere	9 994	1 194 457	87 638	118,5	73,38
	große	1 487	3 135 837	128 949	2 108,8	41,12
1899	kleine	26 380	171 079	24 900	6,5	145,5
	mittlere	11 031	1 309 267	104 550	118,7	79,9
	große	1 565	2 988 864	148 890	1 909,8	49,8

Jahre		Anzahl der Kaufverträge	Anzahl der Deßjatinen	Wert Tausend Rubel	Durchschnittsgröße eines verkauften Grundst.	Durchschnittspreis einer Deß.
1900	kleine	25 958	169 407	19 836	6,5	145,5
	mittlere	11 066	1 285 604	104 459	116,2	81,33
	große	1 446	2 450 181	139 188	1 694,5	56,81
1901	kleine	27 275	171 680	23 756	6,3	138,38
	mittlere	10 483	1 183 945	37 829	112,9	90,51
	große	1 296	1 977 774	129 745	1 526,1	65,60

Somit war die Durchschnittsgröße bei einem Verkauf in 45 Gouvernements wie folgt:

Jahre	bei einem kleinen	bei einem mittleren	bei einem großen	im ganzen
1863—1872	7,62	118,7	1 952	183,1
1873—1882	6,85	222,5	2 137,5	164,7
1883—1892	6,41	117,5	1 695,1	107,9
1893—1897	6,32	116,9	2 018,3	116,3
1898	6,3	118,5	2 108,8	127,7
1899	6,5	118,7	1 909,8	114,7
1900	6,5	116,2	1 694,5	101,5
1901	6,3	112,9	1 526,1	85,4

Zu gleicher Zeit war der Durchschnittspreis einer Deßjatine wie folgt:

Jahre	bei kleinen Verkäufen Rubel	bei mittleren Verkäufen Rubel	bei großen Verkäufen Rubel	im ganzen Rubel
1863—1872	55,00	22,62	14,80	17,40
1873—1882	73,72	28,60	16,75	20,67
1883—1892	86,45	44,40	28,80	36,07
1893—1897	108,39	57,80	35,22	44,36
1898	154,63	73,38	41,12	53,50
1899	145,50	79,90	49,80	62,30
1900	117,09	81,33	56,81	67,47
1901	138,38	90,51	65,60	78,20

Wir wollen nunmehr dieselben Daten nach den Gruppen der Gouvernements anführen; dabei bemerkt man sofort, daß der Mobilisationsprozeß in jeder der Gruppen einen etwas geänderten Charakter aufweist.

I. In den Nichtschwarzerde-Gouvernements war die Durchschnittsgröße eines verkauften Grundstückes:

Jahre	bei kleinem Besitz	bei mittlerem Besitz	bei großem Besitz
1863–1872	8,9	112,05	2 194,7
1873–1882	8,4	115,6	2 568,9
1883—1892	8,08	113,4	1 245,6
1893—1897	7,25	112,6	2 462,2
1898	6,8	111,2	3 468,7
1899	7,5	112,7	2 555,0
1900	7,4	106,6	2 019,4
1901	7,2	105,3	1 774,2

Die übrigen Daten über die Nichtschwarzerde-Gouvernements lassen sich aus der folgenden Tabelle ersehen, die nach den Angaben der „Materialien" über die Bewegung des Grundbesitzes berechnet ist.

Jahre		Anzahl der Kaufverträge	Anzahl der Deßjatinen	Wert in Tausend Rubel	Durchschnittsgröße eines Besitzes	Durchschnittspreis einer Deßjatine Rubel
1863 bis 1872	kleine	2 212	19 770	1 047	8,9	52,98
	mittlere	1 950	218 504	3 672	112,05	16,80
	große	303	665 603	5 132	2 194,7	7,71
1873 bis 1882	kleine	4 456	37 635	2 455	8,4	65,25
	mittlere	3 465	400 815	7 600	115,6	18,96
	große	515	1 323 028	10 322	2 568,9	5,87
1883 bis 1892	kleine	6 535	49 397	3 764	7,6	76,40
	mittlere	3 786	424 283	11 279	112,1	26,58
	große	463	888 074	11 813	1 918,1	13,30
1863 bis 1892	kleine	4 401	35 601	2 422	8,08	68,04
	mittlere	3 067	347 867	7 517	113,4	22,28
	große	427	958 901	9 089	2 245,6	9,48
1893 bis 1897	kleine	7 275	52 766	5 198	7,25	98,52
	mittlere	3 989	449 043	15 777	112,27	35,14
	große	497	1 223 698	23 229	2 462,17	18,98

Jahre		Anzahl der Kaufverträge	Anzahl der Deßjatinen	Wert in Tausend Rubel	Durchschnittsgröße eines Besitzes	Durchschnittspreis einer Deßjatine Rubel
1898	kleine	8 217	55 967	10 761	6,8	192,27
	mittlere	4 127	460 013	20 840	111,2	45,30
	große	543	1 883 310	33 261	3 468,7	17,66
1899	kleine	8 601	64 591	9 416	7,5	145,80
	mittlere	4 816	542 922	27 676	112,7	51,—
	große	594	1 517 689	35 705	2 555,0	23,50
1900	kleine	9 277	68 834	6 187	7,4	89,88
	mittlere	4 882	520 548	26 882	106,6	51,64
	große	518	1 045 942	34 871	2 019,2	33,34
1901	kleine	9 379	67 221	8 267	7,2	122,98
	mittlere	4 462	469 879	27 804	105,3	59,17
	große	462	819 658	33 473	1 774,2	40,84

Somit war der Durchschnittspreis einer Deßjatine in den Nichtschwarzerde-Gouvernements bei den verschiedenen Verkäufen wie folgt:

Jahre	bei kleinem Besitz Rubel	bei mittlerem Besitz Rubel	bei großem Besitz Rubel
1863—1872	52,98	16,80	7,71
1873—1882	65,25	18,96	5,87
1883—1892	68,04	22,28	9,48
1893—1897	98,52	35,14	18,98
1898	192,27	45,30	17,66
1899	145,80	51,00	23,50
1900	89,88	51,64	33,34
1901	122,98	59,17	40,84

II. In den Gouvernements der Zone der Schwarzen Erde ist das Bild ein ganz anderes:

Jahre		Anzahl der Kaufverträge	Anzahl der Deßjatinen	Wert in Tausend Rubel	Durchschnittspreis Rubel
1863	kleine	3 897	26 768	1 517	56,69
bis	mittlere	1 990	240 488	6 935	27,80
1872	große	446	796 906	16 102	20,20

Jahre		Anzahl der Kaufverträge	Anzahl der Deßjatinen	Wert in Tausend Rubel	Durchschnittspreis Rubel
1873	kleine	8 185	49 023	3 731	76,11
bis	mittlere	3 085	402 900	15 417	38,29
1882	große	636	1 136 270	26 745	26,16
1883	kleine	10 513	60 369	5 721	96,56
bis	mittlere	3 557	438 369	27 109	61,85
1892	große	584	885 477	39 361	44,45
1863	kleine	7 532	45 387	3 656	80,58
bis	mittlere	2 877	363 586	16 487	45,34
1992	große	555	939 551	28 402	30,23
1893	kleine	11 204	64 015	7 460	116,55
bis	mittlere	3 753	456 208	36 545	80,11
1897	große	570	927 828	52 535	56,62
	kleine	15 379	92 638	12 267	132,43
1898	mittlere	5 867	734 445	66 797	90,95
	große	944	1 252 527	95 687	76,32
	kleine	17 779	106 488	15 484	145,50
1899	mittlere	6 215	776 345	76 873	100,40
	große	971	1 471 175	113 185	77,00
	kleine	16 681	100 574	13 649	135,72
1900	mittlere	6 184	765 056	77 577	101,40
	große	928	1 404 239	104 316	74,29
	kleine	17 896	104 459	15 489	148,28
1901	mittlere	6 021	714 067	79 352	111,13
	große	834	1 158 116	96 272	83,13

Die Durchschnittsgröße eines verkauften Besitzes war in den Schwarzerde-Gouvernements:

Jahre	kleiner Grundbesitz	mittlerer Grundbesitz	Großgrundbesitz
1863—1872	6,8 Deß.	120,8 Deß.	1800,2 Deß.
1873—1882	5,9 „	130,5 „	1786,5 „
1883—1892	5,9 „	126,1 „	1516,2 „
1893—1897	5,7 „	121,6 „	1627,8 „
1898	6,0 „	125,2 „	1326,8 „

Jahre	kleiner Grundbesitz	mittlerer Grundbesitz	Großgrundbesitz
1899	6,0 Deß.	123,2 Deß.	1515,1 Deß.
1900	6,0 „	123,7 „	1513,2 „
1901	5,8 „	118,6 „	1388,6 „

Daher war der Durchschnittspreis für 1 Deßjatine:

Jahre	bei kleinen Käufen Rubel	bei mittleren Käufen Rubel	bei großen Käufen Rubel
1863—1872	56,69	27,80	20,20
1873—1882	76,11	38,29	26,17
1883—1892	96,56	61,85	44,45
1893—1897	116,55	80,11	56,62
1898	132,43	90,95	76,32
1899	145,50	100,40	77,00
1900	135,72	101,40	74,29
1901	148,28	111,13	83,13

Nicht alle Stände veräußerten und erwarben den Grundbesitz gleichmäßig. Bei den einen überwog der Verkauf, bei den anderen der Kauf, und hat diese Erscheinung im Laufe der ganzen dreißig Jahre eine große Beständigkeit aufgewiesen. Der Grundbesitz wurde verkauft beinahe ausschließlich von dem Adel, zweitens durch diejenigen Volksschichten, die sich mit dem Begriff der Bourgeoisie bequem bezeichnen lassen, und schließlich durch die Bauernschaft. Infolgedessen kann man behaupten, daß die einen Gruppen der Bevölkerung des europäischen Rußlands vom Streben zum Erwerb von Grundbesitz durchdrungen sind, die anderen, das ihnen gehörende Grundvermögen allmählich ihren Händen entgleiten lassen[1].

Zur zweiten Kategorie gehörten: 1. der Adel und die Offiziere; 2. Personen verschiedener Berufe ohne Be-

---

[1] Eine besondere Position nehmen die ausländischen Untertanen ein: in den zwei ersten Jahrzehnten überwog in dieser Gruppe von Besitzern der Kauf den Verkauf, in der letzten Zeit aber läßt sich ein entgegengesetzter Vorgang beobachten, was wahrscheinlich mit der Erlassung einer entsprechenden beschränkenden Verordnung in Zusammenhang steht.

zeichnung des Standes; 3. Personen unbekannten Standes und 4. juristische Personen mit Ausnahme der in den vorangehenden Rubriken enthaltenen[1]. Zur ersten Kategorie gehörten die übrigen elf Gruppen der hier angenommenen Klassifikation.

Wenn wir die Abnahme in der ersten Kategorie von Besitzern untersuchen, so bemerken wir, daß nur die erste Gruppe für die Analyse einen Wert vorstellt und zwar in sozialer Beziehung, da sie eine wichtige Klasse der Gesellschaft umfaßt, und in statistischer Hinsicht, da sie eine sehr große Anzahl von beobachteten Fällen liefert. Die übrigen drei Gruppen der ersten Kategorie, welche keine bestimmten Gesellschaftsschichten oder -kreise bildeten, sind eher aus technischen Gründen der Zählung eingeführt worden.

Den Hauptverkäufer des privaten Grundbesitzes bildete im Laufe der ganzen dreißigjährigen Periode der Adel. Diese Klasse hat 159 604 Personen (Fälle) eingebüßt, wenn, selbstverständlich, gerechnet wird, daß auf jede Person nur ein Vertrag entfiel. Die Durchschnittsgröße eines verkauften Grundstücks schwankt zwischen 199,4 und 250,4 Deßjatinen.

Etwas anderes ist es mit den Käufern: Hier ist die Rede nicht von einer bestimmten Klasse, sondern von mehreren.

Die Hauptkäufer des Grundbesitzes waren:

1. die Edelleute, welche im Laufe von 30 Jahren 96 200 Kaufverträge abgeschlossen hatten;

2. die Kaufleute, Kleinbürger, Handwerker und andere Stände, außer den Bauern, mit 141 700 Käufen im Laufe von 30 Jahren;

3. Die Bauern aller möglichen Kategorien — mit 327 900 Käufen in demselben Zeitraum.

Im Laufe von 30 Jahren waren die Ankäufe des Adels 2 1/2 mal so klein als seine Verkäufe und wurde dennoch die

---

[1] Es muß hier bemerkt werden, daß die letztere Kategorie in der zweiten Hälfte der 90er Jahre zu erwerben begonnen hat, und zwar waren es im Süden hauptsächlich die Landbanken, im Norden die industriellen Gesellschaften und Kompagnien.

allgemeine Tendenz dieser Klasse zur Veräußerung des Grundbesitzes dadurch nicht gestört. Die Erwerbnisse der Bourgeoisieschicht (der Kaufleute, Kleinbürger, Handwerker, Ehrenbürger) und der Bauernschaft waren ganz anderer Art. Wie in der einen so auch in der anderen Gruppe vergrößerte sich die Zahl der Grundbesitzer; somit behaupteten diese Klassen im Erwerb von Grundbesitz den Vorrang.

Es ist interessant zu verfolgen, welchen Einfluß dieser Umstand auf den Umfang der Fläche des russischen Grundbesitzes ausgeübt hat. Zu diesem Zwecke ist eine Tabelle zusammengestellt worden, welche die Änderung im Umfang der Fläche des Grundbesitzes bei den verschiedenen Klassen der Bevölkerung darstellt.

Die Edelleute haben im Laufe von 36 Jahren 24,2 Millionen Deßjatinen verloren, d. h. etwa $^1/_3$ der Landfläche, welche bald nach der Reform in ihrem Besitz war; der Verlust der Personen unbekannten Standes war gleich 1,3 Millionen Deßjatinen, also im ganzen belief er sich auf 25,5 Millionen Deßjatinen. Zu derselben Zeit hatte der Grundbesitz zugenommen:

bei den Kaufleuten . . . . . um 9,6 Mill. Deßjatinen
„   „   Ehren- und Kleinbürgern „ 2,5 „ „
„   „   Bauern . . . . „ 9,5 „ „
„   „   übrigen Besitzern . . . „ 3,9 „ „

Im ganzen etwa 25,5 Mill. Deßjatinen.

Somit ist die Hauptmasse des veräußerten Grundbesitzes des Adels in die Hände von Vertretern zweier Klassen: der groß- und der kleinkapitalistischen (der bürgerlichen Klasse und der der ackerbauenden Bauernschaft) übergegangen.

Beim Erwerb oder bei der Veräußerung des Grundvermögens setzte die Bevölkerung bestimmte Kapitalien frei oder führte dieselben in einen gebundenen Zustand über. Die Größe derselben ist in den Tabellen angeführt, wo Angaben über den Umfang der Geldkapitalien, die im Laufe von

30 Jahren auf die Mobilisation des Grundbesitzes verausgabt worden sind, zu finden sind. Im ersten Jahrzehnt erreichten sie die Höhe von 344 Millionen Rubeln, im zweiten waren es 692,7 Millionen, im dritten 990,5 Millionen, im ganzen aber über 2 Milliarden Rubel. Selbstverständlich müssen die hier angeführten enormen Zahlen höchst bedingt verstanden werden. Die angeführten Größen berühren nur die Summen, welche in den Akten niedergeschrieben sind, d. h. die Bruttozahlen. Tatsächlich aber unterscheiden sich die Summen des faktischen Überganges von Geld bei den Verträgen von den in den Akten angegebenen Summen. Die faktischen Summen waren meistenteils höher oder niedriger als die in den Akten angegebenen, welcher Umstand die Summen nur dann festzustellen erlaubt, wenn die allgemeinen Verhältnisse unserer Kauf- und Verkaufsverträge beachtet werden. Dabei muß bekanntlich zweier Eigenheiten Erwähnung getan werden:

1. Die Zahlen sind vielmal kleiner als die hier angegebenen, da der Grundbesitz im höchsten Grade mit Schulden belastet ist (nach den Angaben vom Jahre 1902 waren es über 1,6 Millarden Rubel);

2. sie sind etwas höher, da die Parteien, um an dem Wert des Aktenpapiers und den Gebühren zu sparen, gewöhnlich den wirklichen Wert des Vertrages künstlich in ihren Aussagen zu umgehen suchen[1].

Die Mobilisation der Grundstücke nach den Typen des Grundbesitzes stellt eine höchst wichtige Frage vor. Im Hefte 7 der „Materialien" sind die allgemeinen Daten über die Bewegung des Grundbesitzes nach den einzelnen Typen desselben, und zwar dem: 1. kleinen, 2. mittleren und 3. dem großen Grundbesitz angegeben. Hier führen wir die dort abgedruckten Zahlen nicht an, weil deren Betrachtung keine allgemeinen Folgerungen erlaubt und nur

---

[1] Für die städtischen Grundvermögen hat die Spekulation auch die entgegengesetzte Erscheinung hervorgerufen: die künstliche Erhöhung der Wertgröße der Verträge. Somit werden diese beiden Tendenzen in den Städten gegenseitig ausgeglichen.

für die Analyse der nach Gebieten und Gouvernements kombinierten Zahlen von größerer Bedeutung ist. Aber dennoch ist eine derartige Gruppierung des Materials notwendig, da die drei genannten Typen gleichzeitig verschiedene wirtschaftliche Formen von einer verschiedenen ökonomischen Bedeutung vorstellen. So vertritt der kleine Grundbesitz hauptsächlich solche Wirtschaften, wo der Besitzer die Arbeiten eigenhändig oder mit Hilfe der Mitglieder seiner Familie ausführt und nur im geringen Maße sich auf Lohnarbeiter stützt. Dieser, in wirtschaftlicher Beziehung ziemlich widerstandsfähige Typus nähert sich im allgemeinen dem Typus der bäuerlichen Wirtschaft.

Bei dem mittleren Grundbesitz, welcher für unseren Gutsbesitz typisch ist, nimmt der Eigentümer persönlich nicht mehr an der Bebauung teil, sondern hat nur selbst oder durch Vertrauensleute ohne besondere Vorbereitung, die sogenannten „Praktiker", die Aufsicht, da diese wirtschaftliche Form die Ausgaben auf speziell vorbereitete Personen nicht bestreiten kann. Alle Arbeiten werden in dieser Art Wirtschaft durch Lohnarbeiter ausgeführt. Maschinen gibt es fast gar nicht oder sind dieselben nicht kompliziert.

Das Wirtschaftssystem dieses Besitzes stimmt im allgemeinen mit demjenigen der umwohnenden Bauernschaft überein. Diese Gruppe von Wirtschaften des Adels befindet sich bei uns vorwiegend in dem Besitz der im öffentlichen Dienst stehenden Intelligenz und der Vertreter der liberalen Berufe, ist aber in wirtschaftlicher Beziehung am unvermögendsten, und entfällt die sogenannte Verarmung gerade auf diese Gruppe.

Die größeren Güter, besonders von bedeutenderem Umfange, besitzen bereits den Charakter von kapitalistischen Unternehmungen. Das System des Ackerbaues unterscheidet sich hier meistenteils im hohen Grade von dem der umliegenden Bauernländer. Die Dreifelderwirtschaft kommt selten vor; es herrscht das Mehrfeldersystem und werden komplizierte landwirtschaftliche Maschinen und Instrumente angewandt. Die Wirtschaft wird von einem technisch ausgebildeten Personal geleitet, dessen Kosten aber bei dem großen Umsatz des Gutes demselben nicht zur Last fallen. Dies ist, wie auch die kleinen Wirtschaften, ein durchaus widerstandsfähiger Wirtschaftstypus.

Somit hat die Teilung des Grundbesitzes in drei Typen (in kleinen, mittleren und Großgrundbesitz) eine große wirtschaftliche Bedeutung. Es müssen folglich die Grenzen eines jeden der Typen gezogen werden. Dieselben sind im Heft 7 folgendermaßen bestimmt: der kleine Besitz bis auf 25 Deß., der mittlere von 25 bis 500 Deß. und der Großgrundbesitz über 500 Deß. Obgleich diese Teilung in vielen Abhandlungen gebraucht wird, ist sie dennoch selbstverständlich in hohem Maße willkürlich. In den statistischen Untersuchungen der Landschaften sind mehrere Methoden der Teilung des Grundbesitzes in verschiedenen Typen festgestellt und verschiedene Grenzen zwischen diesen Typen gezogen werden, doch verändern sich dieselben je nach den örtlichen Verhältnissen.

II. Der Grundbesitz des Adels.

Das Vorhandensein des privaten Grundbesitzes kann in Rußland bis auf das XI. Jahrhundert zurück verfolgt werden. Das Privateigentum am Grund und Boden war so stark verbreitet, daß die Gelehrten auf den Gedanken kamen, der Gemeindebesitz sei erst später entstanden (siehe Ssergejewitsch, Russische Altertümer. Bd. 3. St. Petersburg, 1903)[1]. Im Moskauer Staate war der Kauf und Verkauf von Grund und Boden wohl möglich, kam aber recht selten vor. Das Verfügungsrecht über die fürstlichen und Familienstammgüter, später auch über die Lehngüter war sehr be-

---

[1] Gesetze über die Grenze, Schenkungs- und Kaufurkunden über Grund und Boden usw.

schränkt: Diese Güter konnten weder veräußert, noch verpfändet, noch vermacht werden. Im XVII. Jahrhundert bildet sich infolge des allmählichen Ineinanderfließens zweier anfänglich im Grunde verschiedener Arten von Grundbesitz, der Stamm- (Allod-) und der Lehngüter, eine neue Kategorie von Grundeigentum, der freie Grundbesitz, und tritt bereits der Grundbesitz eines bestimmten Standes, des Adels, zutage. Von der Zeit Peters des Großen erlangt der Grund und Boden Marktwert, welcher übrigens nicht von der Anzahl der Deßjatinen, sondern von der Anzahl der Arbeitskräfte, von der Zahl der schollenpflichtigen Bauern abhing.

Das XVIII. Jahrhundert, welches dem Adel seine Standesorganisation brachte, ließ mit verschiedenen Beschränkungen neue Kategorien von Grundbesitzern zu und zwar die Kaufmannschaft, die Ausländer und diejenigen Bauern, welchen es gelungen war, ihre Selbständigkeit den Gutsherrn gegenüber zu bewahren, und welche in unmittelbarem Abhängigkeitsverhältnis zum Staate standen. Die Epochen Katharinas und die von Paul waren das goldene Zeitalter des Adels. Die beiden Herrscher belehnten den Adel mit über 1 300 000 Bauern beiderlei Geschlechtes und Katharina half der Mobilisation noch mittelst der allgemeinen Abgrenzung. Jedoch war der Grundbesitz innerhalb dieses Standes unbeständig und ging er verhältnismäßig leicht aus den einen Händen in die anderen über.

P. P. Maßlow erklärt ganz richtig, daß „die Sparsamkeit einerseits, die Verschwendungslust andererseits" fast die einzigen Gründe waren, welche die Richtung der Bewegung des Grundbesitzes bestimmten[1], und diese Beweggründe hatten tatsächlich eine große Bedeutung.

Die Forscher können die entsprechenden Zahlen in den Akten vorfinden, indirekt aber kann man die Mobilisation auch nach der Zunahme der Preise für eine leibeigene Seele

---

[1] P. Maßlow: Die Agrarfrage. St. Petersburg. Der Verfasser könnte wohl in der neuen Ausgabe das Zahlenmaterial im Kapitel über die Mobilisation erneuern.

beurteilen. Die letztere kostete: im Jahre 1700 etwa 90 Rbl., 1750 etwa 270 Rbl., 1800 bereits ca. 500 Rbl., d. h. 5½ mal so viel als 100 Jahre vorher.

Der Mobilisation mußte auch durch die Organisation des Kredits gesteuert werden. So wissen wir, daß zur Zeit der Abschaffung der Leibeigenschaft von 11 Millionen Leibeigenen 7 Millionen, also 65 ½ % der Gesamtzahl, verpfändet waren.

Über den Mobilisationsprozeß vor der Befreiung der Bauern haben wir etwas mehr Angaben, so die Zahlen der achten und zehnten Revision[1]. Ihnen zufolge war:

Nach der achten Revision (1843):

die Zahl der Gutsherrn im Besitz von		Anzahl der in ihrem Besitz befindl. Seelen
weniger als 21 Seelen	58 457	450 037
von 21 bis 100 Seelen	30 417	1 500 357
„ 101 „ 500 „	16 748	3 634 194
„ 501 „ 1000 „	2 273	1 562 831
über 1000 Seelen	1 453	3 556 959
	109 340	10 704 378

Nach der zehnten Revision (von 1857):

die Anzahl der Gutsherrn im Besitz von		Anzahl der Seelen
weniger als 21 Seelen	41 016	327 534
von 21 bis 100 Seelen	35 498	1 666 073
„ 101 „ 500 „	19 930	3 925 102
„ 501 „ 1000 „	2 421	1 569 888
über 1000 Seelen	1 382	3 050 137
	100 247	10 539 137

Wenn wir diese beiden Revisionen miteinander vergleichen, so bemerken wir, daß im Laufe von 14 Jahren in den Gruppen bedeutende Veränderungen eingetreten sind:

---

[1] A. Troinitzky, Die leibeigene Bevölkerung in Rußland nach der 10. Revision. St. Petersburg 1861, S. 67.

	Anzahl der Mitglieder	Anzahl der Seelen	Dasselbe in Prozenten	
bis 20 Seelen . . .	−17 441	−122 503	−29,7	−27,2
von 21 bis 100 Seelen	+ 5 081	+165 716	+76,7	+11,0
„ 101 „ 500 „	+ 3 190	+290 908	+19,0	+ 8,0
„ 501 „ 1000 „	+ 148	+ 7 057	+ 6,5	+ 0,4
über 1000 Seelen .	− 71	−506 419	− 4,9	−14,2
Im ganzen	− 9 093	+165 241		

Wir sehen also im Ergebnis, daß die mittlere Gruppe zunimmt. Im Laufe von 14 Jahren ist der Besitz nicht unbeweglich geblieben, sondern es haben sich große Veränderungen vollzogen, welche sich als Zunahme der Zahl der Großgrundbesitzer und Konzentration des Grundbesitzes zusammenfassen lassen.

Im Jahre 1859[1] war die Fläche des Grundbesitzes des Adels in 45 Gouvernements gleich 79 103 000 Deß. Die Emanzipation der Bauern (19. Februar 1861) nimmt dem Adel mit einem Schlag seine politischen Rechte auf die Fläche von 34 Millionen Deßjatinen, indem sie einer neuen Besitzform, dem bäuerlichen Besitz den Platz einräumt, und verleiht dem Adel de facto eine neue Kategorie von Grundbesitz, die Segmente (abgetrennten Teile).

Nach der Zählung von A. E. Lossitzky für 36 Gouvernements des europäischen Rußlands bildeten diese Segmente 5 262 000 Deß. oder 18,1 % des ganzen Grund und Bodens, welcher vor der Befreiung der Bauern in ihrer Benutzung sich befand[2]. Aber der Adel behält die enorme Fläche, die etwa 77 Millionen Deßjatinen erreicht, nicht in seinem Besitz: es beginnt die berüchtigte „Verelendung".

Die Verelendung oder eigentlich die allmählich ein-

---

[1] Richtiger wäre es, nicht das Jahr 1859, sondern das Jahr des Abschlusses der Ausstellung von Besitzurkunden (1863) zu nennen. Mit dem bäuerlichen Grundbesitz zusammen waren es im Jahre 1859: 105 200 108 Deß. (Daten der früheren Redaktionskommission über 46 Gouvernements).

[2] A. E. Lossitzky, Wirtschaftliche Verhältnisse zur Zeit der Abschaffung der Leibeigenschaft. Obrasowanije 1906, Buch XII, S. 211.

tretende Landlosigkeit des russischen grundbesitzenden Adels ist eine allgemein bekannte, von den Nationalökonomen, Publizisten und Schriftstellern zu oft erwähnte Tatsache. Diese Erscheinung ist sowohl durch allgemeine Beobachtungen als auch durch statistische Daten längst aufgeklärt worden; es wurde damit sehr viel anderes begründet. Einige stellten einen allgemein fortlaufenden Entwicklungsgang fest und bestimmten die Zeit des Eintretens einer totalen Landlosigkeit des Adels; sie erklärten, daß der Grundbesitz des Adels sich weder durch Banken noch Vergünstigungen retten lasse.

Jedoch das wirkliche Leben hat bewiesen, daß die eintretende Landlosigkeit des Adels keine allgemeine Tatsache ist, daß parallel ganz andere Vorgänge sich abspielen. Wenn auch der Adel enorme Flächen seines Grundbesitzes veräußert, wenn er auch auf dem Grundstücksmarkte Rußlands die erste Stelle unter den **Verkäufern** behauptet, so ist der Verlauf seiner eintretenden Landlosigkeit durchaus nicht so direkt und rasch, da der Adel zu gleicher Zeit den Hauptteil dieses Grundbesitzes wieder erwirbt, da er auf demselben Markte auch unter den Käufern der erste ist. Zuerst hat Jonow darauf hingewiesen; dieselbe Behauptung wird jetzt von Jaßnopolsky im „Mir Boshij" wiederholt. Diese beiden suchen zu beweisen, daß der Adel nur zum Teil seinen Grundbesitz einbüßt, und daß der entsprechende Entwickelungsprozeß zu stocken und sich zu verlangsamen begonnen hat.

Jonow behauptet erstens, daß die Edelleute bis auf 68 % des veräußerten Grundbesitzes wieder zurückkaufen; zweitens sich auf die in der Adelsbank vorhandenen Berechnungen über die Besteuerung der Grundvermögen stützend, behauptet er, daß die Verluste des Adels sich fortwährend verringern. Der Koeffizient des Verlustes, welcher im Triennium 1883—1886 2,6 ausmachte, fiel allmählich auf 2,4, 1,5 und 1,6[1]. Drittens meint Jonow, daß

---

[1] Die durchschnittliche Abnahme des Grundbesitzes war wie folgt:
1859—1877 . . . . 517 000 Deßjatinen
1877—1892 . . . . 741 000   „

der Adel erst in der zweiten Hälfte der 80er Jahre, nachdem die Gutsherrn ihre letzten 100000 Rbl. Loskaufsgelder erhalten hatten (1882—1887), endgültig auf dem Grundstücksmarkt erschienen ist. Nach seinen Berechnungen hatten die Grundbesitzer überhaupt und die Edelleute besonders durchschnittlich pro Jahr folgende Barsummen erhalten:

	Vom Loskauf	Vom Verkauf (alle Stände)	Von der Verpfändung (alle Stände)	Ausschließl. Vertreter des Adels
in den 60er Jahren	30	20	12	60
„ „ 70er „	8$^1/_2$	30	30	60
„ „ 80er „	5	90	68	51
„ „ 90er „	—	120	135	52

Schließlich sucht Jonow zu beweisen, daß die Existenz des Grundbesitzes des Adels bei uns durchaus berechtigt ist, und daß er sich wie die übrigen Seiten der russischen kapitalistischen Wirtschaft entwickelt. Jaßnopolsky schließt sich den grundlegenden Behauptungen Jonows an und fügt hinzu, daß unter dem Adel eine Differenzierung und Gliederung vor sich geht und daß vielleicht ein Teil desselben bereits sich entwickelnde Keime eines neuen Aufschwungs in sich birgt. Er sucht gleichfalls zu beweisen, daß die Verluste des Adels — besonders in der Gruppe der Schwarzerde-Gouvernements — zu fallen begonnen haben; daß außer der Mobilisation zwischen den verschiedenen Ständen sich auch eine Mobilisationsbewegung innerhalb der einzelnen Stände abspielt; daß — mit Ausnahme der südlichen Steppen — der verhältnismäßige Teil des angekauften Landes den des verkauften übertrifft, daß also die Konzentration vorwärts schreitet; daß schließlich die Hälfte des adligen Grundbesitzes noch nicht verpfändet ist.

1892—1896	785 000	Deßjatinen
1897	920 000	„
1898	943 000	„
1899	983 000	„
1900	1 065 000	„
1901	981 000	„

Wenn man die literarischen Abhandlungen beiseite läßt und zu den Daten der offiziellen Statistik greift, so sieht man, daß alle Berechnungen vorläufig auf einer schwachen Grundlage basiert sind. Der erste allgemeine Mangel besteht darin, daß wir eine Statistik der Besitzungen, nicht aber der Besitzer, d. h. der sozialen Massen haben. Ein und derselbe Graf Stroganow kann mit mehr als 30 Gütern auftreten. Der Umfang des Grundbesitzes des Adels nach der Reform läßt sich aus den Untersuchungen von 1877 und 1887 ersehen, wobei die erstere auf bedeutende Veränderungen in der Fläche des Grundbesitzes des Adels hinweist.

Die Frage von den Verlusten kann auch folgendermaßen festgestellt werden. In dem Besitz des Adels in den Schwarzerde-Gouvernements befanden sich 36 732 765 Deß., d. h. 79,9 % der ganzen Fläche, welche im Gebiet der Schwarzerde sich im Privateigentum befand; in den Nichtschwarzerde-Gouvernements waren es 36 433 979 Deß., d. h. 78 % der Gesamtfläche. Im ganzen waren die Adligen, nach der Zählung von 1877, in diesem Jahre im Besitz von 76 166 738 Deß. (79,8 %). Außerhalb der Städte wurden in demselben Jahre im ganzen 1 708 357 Deß. mobilisiert, was 1,3 % des gesamten Grundbesitzes des Adels ausmacht.

Die Untersuchung vom Jahre 1887 ergab einen geringeren Landbesitz des Adels und zwar 65 297 581 Deß., wovon 32 215 181 (67,9 %) auf die Schwarzerde-Gouvernements und 33 082 677 Deß. auf die Nichtschwarzerde-Gouvernements entfallen. Außerhalb der Städte wurden in diesem Jahre 1 505 881 Deß. mobilisiert, was 1,3 %, d. h. denselben Prozentsatz ausmacht wie im Jahre 1877. Die Durchschnittsgröße des Adelsbesitzes war 638 Deß., d. h. etwas kleiner als bei den Kaufleuten (755) und bedeutend größer als bei den Kleinbürgern (33 Deß.) und Bauern (18 Deß.). Die einfache Zusammenstellung der Daten der beiden Untersuchungen zeigt einen großen Rückgang des Grundbesitzes des Adels.

Den ersten großen Verlust verursachte die Reform von 1861. Von den früheren 105 Millionen Deßjatinen schrumpfte die dem Adel gehörige Fläche mit einem Schlage zu

79,1 Millionen Deß. zusammen. Darauf wurde dieselbe auf 73 Millionen im Jahre 1877 und auf 65 Millionen im Jahre 1887 herabgesetzt. Einige Forscher haben den Versuch gemacht, die jährliche durchschnittliche Abnahme nach den einzelnen Gouvernements genauer zu bestimmen. Hierher gehört beispielsweise die Tabelle von Prof. Fortunatow, nach dessen Berechnung die durchschnittliche Abnahme vom Jahre der Reform bis zur Mitte der 80 er Jahre sich in folgenden Zahlen ausgedrückt hat: im Gouvernement Twer 2,14 % jährlich, im Gouvernement Moskau 2,5 o/o, Rjasan 2,61 %, Petersburg 1,9 %, Kreis Schtschigrow 1,45 %, Bachmut 1,06 %, Wjasma 0,92 %, Ssaratow 0,84 %, Tula 0,83 %, Petrowsk 0,77 %, Atkarsk 0,74 %, Ssamara 0,73 %, Obojansk 0,51 % und Zarizyn 0,33 %.

Es wurde bereits oben gesagt, daß der Adel Grundbesitz nicht nur verkaufte, sondern auch erwarb.

Nach unseren Angaben hat der Adel im ersten Jahrzehnt 97 Millionen Deßjatinen, im zweiten 13,9, im dritten 9,7, im ganzen im Laufe von 30 Jahren 33,3 Millionen Deßjatinen angekauft und hört auch zurzeit mit seinen Ankäufen nicht auf. Dabei war der Adel den übrigen Ständen immer voraus, indem er etwa die Hälfte, später etwa ein Drittel der Gesamtfläche der auf den Markt geworfenen Güter erwarb. Nach den einzelnen Jahrzehnten war der Charakter des Mobilisationsprozesses verschieden. Die Mobilisation des Grundbesitzes des Adels war im Laufe des ersten Jahrzehnts mit keinen für den ganzen Stand besonders fühlbaren Verlusten verbunden. Indem der Adel im Laufe dieser zehn Jahre (1863—1872) 16 120 200 Deß. einbüßte und 9 673 300 Deß. erwarb, verlor er 6 446 900 Deß., was durchschnittlich 6 447 000 Deß. pro Jahr ausmacht. In den zwei darauffolgenden Jahrzehnten war der jährliche Verlust des Adels an Bodenbesitz weit größer und zwar: für das Jahrzehnt 1873—1882 war er gleich 9 491 000 Deß. und für das Jahrzehnt 1883—1892 8 308 000 Deß.[1].

---

[1] Im Jahre 1893 machte dieser Verlust 1 130,8 Taus. Deß. aus
„   „   1894   „   „   „   721,9   „   „   „

— 103 —

Beide Richtungen — die des Ankaufs und des Verkaufs von Grundbesitz durch den Adel — sind für diesen Stand von einer weitgehenderen Bedeutung, als es auf den ersten Blick scheinen könnte. Wenn wir diese beiden Strömungen genau betrachten, so bemerken wir, daß die Durchschnittsgrößen der Käufe und der Verkäufe sich stark voneinander unterschieden, wie es aus folgenden Durchschnittszahlen zu ersehen ist:

Es wurden

im Jahre	verkauft		gekauft		Differenz		
1863	135,9	Deß.	188,7	Deß.	52,8	Deß.	
1873	240,6	„	401,0	„	160,4	„	
1883	199,5	„	343,7	„	144,2	„	
1893	201,2	„	308,6	„	107,4	„	
1896	248,5	„	358,1	„	109,6	„	50 bis
1897	199,3	„	270,0	„	70,7	„	100 %[1]
1898	234,1	„	469,0	„	234,9	„	
1899	208,9	„	440,9	„	234,5	„	
1900	174,3	„	297,1	„	122,8	„	
1901	154,6	„	219,7	„	65,1	„	

Somit wurden im europäischen Rußland im Laufe der ganzen erforschten Periode von 39 Jahren kleinere Adelsgüter verkauft und größere angekauft.

Das läßt den Schluß ziehen, daß die Verkäufer der Grundstücke wahrscheinlich zur wirtschaftlich schwächeren,

Im Jahre	1895	machte dieser Verlust			736,7	Taus. Deß.	aus
„	„	1897	„	„	„	973,5	„ „ „
„	„	1897	„	„	„	920,3	„ „ „
„	„	1898	„	„	„	943,5	„ „ „
„	„	1899	„	„	„	982,7	„ „ „
„	„	1900	„	„	„	1 064,6	„ „ „
„	„	1901	„	„	„	981,2	„ „ „

Die angegebenen Daten sind den entsprechenden Heften der „Materialien über die Statistik der Bewegung des Grundbesitzes" entnommen.

[1] Für die Jahre 1862—1892 war der Durchschnittsverkauf gleich 199, der Durchschnittseinkauf gleich 260; nach den Gebieten war die Differenz noch größer, bis zu 155 %.

die Käufer zur stärkeren Kategorie gehörten. Mit anderen Worten verlief parallel mit der Abnahme des kleinen und mittleren Adelsbesitzes in Rußland zweifellos eine Zunahme des Großgrundbesitzes. Übrigens ist die Bedeutung dieser neuen Macht schwer abschätzbar, da die Klarstellung dieser Erscheinung nicht so leicht ist.

Wenn man z. B. die ganze Masse der vom Adel im Laufe von 35 Jahren ausgeführten Verkäufe in zwei Gruppen teilt und zwar: die der Verkäufe von Adligen an Adlige und die der Verkäufe vom Adel an Vertreter anderer Stände, so erhält man zwar ganz verschiedene Durchschnittsgrößen der Verkäufe, nämlich 437,2 Deß. im ersten und 162,7 Deß. im zweiten Fall. Diese Zahlen zeigen, daß die Durchschnittsgrößen der Verkäufe vom Adel an den Adel diejenigen der gesamten Verkäufe des Adels überragen, was aber noch nicht die Schlußfolgerung erlaubt, daß die Adeligen, welche ihren Grundbesitz an Personen desselben Standes veräußern, wirtschaftlich stärker sind als die Adeligen, welche den Boden erwerben. Verhältnismäßig niedrig sind nur die Durchschnittsgrößen der Verkäufe vom Adel an Vertreter der übrigen Stände. Unter den Verkäufen von den Adeligen an andere Stände wurden im Laufe der 35 Jahre folgende Daten registriert.

	Anzahl der Verträge	Bodenfläche (in Taus. Deß.)	Durchschnittsgröße (Deß.)
Verkäufe an Bauern (und Gemeine)	7463	338,8	**45,4**
Verkäufe an Dorfbewohner besonderer Kategorien	1986	95,0	47,9
Verkäufe an die Geistlichkeit	305	19,2	63,0
Verkäufe an die Kleinbürger usw.	1952	200,6	102,8
Verkäufe an die bäuerlichen Gesellschaften	5057	529,0	104,6
Verkäufe an Bauerngemeinden	474	88,3	186,0
Verkäufe an Organisationen aus den verschied. Ständen	928	206,6	227,7

	Anzahl der Verträge	Bodenfläche (in Taus. Deß.)	Durchschnittsgröße (Deß.)
Verkäufe an Personen der liberalen Berufe . . .	256	77,0	300,8
Verkäufe an Ehrenbürger .	473	159,3	336,4
Verkäufe an Kaufleute . .	1313	743,5	566,3
Verkäufe an Ausländer usw.	179	91,6	512,0
Verkäufe an juristische Personen	380	831,7	**2189,0**

Die angeführten Daten beweisen, daß die Durchschnittsgrößen der Verkäufe seitens des Adels eher von der Wohlhabenheit der Käufer als von der „wirtschaftlichen Schwäche" der Verkäufer abhängen, denn bei denselben Verkäufern finden wir sowohl verschiedene Größen von Käufen, welche parallel mit der wirtschaftlichen Lage des Käufers wachsen als auch krasse Unterschiede in den Preisen, die von 45,4 Rbl. für einzelne Kategorien der Bauernkäufe bis zu 2189 Rbl., welche von den juristischen Personen gezahlt wurden, geschwankt haben.

Infolgedessen kann der Meinung, daß die adeligen Käufer eine größere wirtschaftliche Kraft besitzen, einer Meinung, welche für den ersten Blick ganz natürlich schien und von mehreren Agrarpolitikern[1] vertreten wurde und welche auf der vergleichenden Zusammenstellung der Durchschnittsgrößen der Käufe und Verkäufe des Adels beruhte, nur mit gewissem Vorbehalt beigestimmt werden. Es darf außerdem nicht vergessen werden, daß diese Durchschnittszahlen nicht die Durchschnittsgrößen der endgültig verkauften Güter, sondern die Durchschnittsfläche der veräußerten Grundstücke darstellen. Wenn ein Großgrundbesitz zerstückelt und in kleinen Bruchteilen an Bauern verkauft wird — das läßt sich aber am häufigsten beobachten —, so wird dadurch im Ergebnis die Durchschnittsfläche der

---

[1] Z. B.: L. N. Jaßnopolsky, Die Mobilisation des Grundbesitzes, in der Zeitschrift „Mir Boshij", Jahrgang 1904.

verkauften Grundstücke herabgesetzt. Somit kann jene von vielen Forschern beobachtete Tatsache, daß die Käufe des Adels seine Verkäufe an Größe überragen, auch eine ganz andere, nämlich eine kommerzielle Erklärung erhalten: „um die Verhältnisse des Marktes möglichst günstig auszunützen, zerstückeln viele Verkäufer aus dem Adel die von ihnen verkauften Güter in Bruchteile, was die Durchschnittsfläche des verkauften Grundstücks herabsetzt; die aus dem Adel sich rekrutierenden Käufer aber erwerben die Güter vorwiegend in ihrem ganzen Umfange oder wenigstens zu großen Grundstücken, was eine verhältnismäßig hohe Durchschnittsfläche der gekauften Güter ergibt. Mit anderen Worten zeugen die genannten Zahlen von der größeren wirtschaftlichen Macht des Adels im Vergleich zu den anderen Käufern auf dem Markte, deren Anforderungen der verkaufende Adel sich mehr oder weniger anpaßt. Wenn dieser Hinweis zutrifft, so läßt sich auch der kleine Umfang der Durchschnittsverkäufe des Adels an Bauern und einige andere Kategorien von Käufern erklären, denn unter diesen Verkäufen trifft man am öftesten bruchweise ausgeführte Verkäufe von Gütern an. Wie ernst und bedeutungsvoll die letztere Art der Verkäufe ist, zeigt eine große Anzahl von Beispielen. So finden wir im Gouvernement Smolensk im Jahre 1897 eine ganze Reihe von Edelleuten, welche mehr als ein Grundstück verkauft haben und zwar: 8 von ihnen haben je 2, 4 je 3, 2 je 4, 1 7, 1 9 und 1 10 Grundstücke verkauft, also im ganzen haben 17 Personen 62 Grundstücke veräußert. Somit wird der Unterschied in den Durchschnittsgrößen der Verkäufe und Käufe des Adels in diesem Gouvernement ausgeglichen.

Ähnliche Beobachtungen können auch nach den Angaben der Bauernagrarbank gemacht werden, aus deren Berichten man ersieht, daß die Zahl der Verkäufer oft mehr als doppelt so klein ist, als die Anzahl der geschlossenen Verträge, wobei auf einzelne Personen zuweilen zehn und mehr Verträge zu stehen kommen.

Ferner wenden wir uns der Frage von der allgemeinen

Abnahme des gesamten adeligen Grundbesitzes zu. Diese Abnahme ist bedeutend und decken sich bei ihrer Feststellung die Daten der „Materialien" und die Daten der Landschaftsstatistik vollständig.

Prof. Fortunatow äußert in seiner Arbeit: „Die landwirtschaftliche Statistik Rußlands" die Meinung, daß der Prozentsatz der durchschnittlichen jährlichen Abnahme des Grundbesitzes des Adels etwa 3, der der maximalen Abnahme 5 % ausmachte. Letzteres wird nach seiner Meinung in 5 Gouvernements, und zwar in denen von Orel, Ssamara, Smolensk, Witebsk und Wologda beobachtet. Die Daten der „Materialien" ergeben einen ähnlichen Prozentsatz.

Nun ist es von Interesse, den Umfang der Abnahme des adeligen Grundbesitzes von der Reform vom 19. Februar an festzustellen. Hier können mehrere Rechnungsmethoden angewandt werden, je nachdem, was für eine Bodenfläche zur Zeit der Emanzipation als im Besitz des Adels befindlich betrachtet wird, da hier verschiedene Größen angegeben werden; außerdem können sich auch die Methoden der darauf folgenden Berechnung von einander unterscheiden.

Nach den Daten z. B., welche im Jahre 1899 vom Finanzministerium gesammelt worden sind, beläuft sich der gesamte Verlust des Adels auf 25 Millionen Deßjatinen. Wenn man annimmt, daß nach der Reform vom 19. Februar 1861 (eigentlich nach der Auslieferung der Besitzurkunden) die Adeligen noch etwa 79 103 000 Deßjatinen[1] behielten, und von dieser Summe ihre jedesmaligen Verluste bei der darauf folgenden Mobilisation abzieht, so erhalten wir nach meiner Berechnung wie folgt:

im Laufe von 10$^{1}/_{3}$ Monaten des Jahres 1861 verlor der Adel etwa 200 000 Deß.(?)[2],

im Laufe von 12 Monaten des Jahres 1862 verlor der Adel etwa 300 000 Deß.(?)[2].

---

[1] Diese Zahl kann übrigens bestritten werden. Nach der Berechnung des Jahres 1877 waren die Edelleute im Besitz von 69 802 000 Deßjatinen.

[2] Die Zahlen sind annähernd.

Im Laufe der darauf folgenden Jahrzehnte verloren die Edelleute jährlich:

1863—1873 . . à 650 000 Deßjatinen durchschnittlich
1873—1882 . . à 950 000 „ „
1883—1892 . . à 830 000 „ „

Das ergab im Laufe von 30 Jahren einen Verlust von 24 245 436,2 Deß., d. h. im ganzen, inklusive des Jahres 1892. etwa 24 800 000 Deß.

Dazu kommt der Verlust von 1893: 1 130 000 Deßj., 1894 721 900, 1895 736 700, 1896 973 400, 1897 920 300, 1998 943 500, 1899 982 700, 1900 1 064 600 und 1901 981 200 Deß., im ganzen war der Verlust im Laufe von 39 Jahren gleich 32 699 700 Deßjatinen.

Somit müssen von den 79 103 Mill. Deß. (nach den Daten der Redaktionskommissionen, nach Abzug des Anteillandes) 32,7 Mill. Deß. abgezogen werden, was für das Jahr 1902 46,4 Mill. Deßj. ergibt. Nach den Daten aber z. B. von Richter, welcher sich einer ganz anderen Methode bediente, und zwar der Zusammenrechnung der in den Steuerregistern enthaltenen Daten, war die Fläche des Adelsbesitzes für den 1. Januar 1885 gleich 55,9 Mill. Deßjatinen[1].

Wenn man schließlich die Zahlen für die 35jährige Periode 1863—1897 und darauf für die vier Jahre 1897 bis 1901 näher betrachtet, soweit sich darin das Schicksal des Adelsbesitzes abspiegelt, so kann man zu folgenden Schlüssen gelangen. Trotz der allgemeinen Meinung spielt der Adel auf unserem Grundstücksmarkt noch eine bedeutende, obgleich auch immer mehr in den Hintergrund tretende Rolle. Wenn man das Verhältnis zwischen der

---

[1] A. Richter, Zahlenangaben über den Grundbesitz im europäischen Rußland. Herausgegeben vom Finanzministerium St. Petersburg 1897. Nach der bekannten Sammlung statistischer Daten „Rußland" (S. 188) war die Gesamtfläche des Besitzes zur Zeit der Emanzipation gleich 69 421 094 Deß., die des bäuerlichen Besitzes 35 779 014 Deß., im ganzen 105 200 108 Deß.

Anzahl der Käufe und Verkäufe von Grundbesitz seitens des Adels und der Gesamtfläche des Bodens, welcher im Laufe derselben Zeit auf den Markt geworfen wurde, berechnet, so erhält man folgende lehrreiche Tabelle:

Adel	Gesamtfläche des auf den Markt gelangten Grundbesitzes	davon vom Adel verkauft (in Prozenten)	davon vom Adel gekauft (in Prozenten)	Rückgang des Grundbesitzes des Adels
1863—1872	100	80,4	51,6	28,8
1873—1882	100	71,4	42,9	28,5
1883—1892	100	65,2	34,6	30,6
1893—1897	100	60,9	33,2	27,7
1898	100	57,1	27,4	29,7
1899	100	53,8	30,0	23,8
1900	100	54,1	26,0	28,1
1901	100	53,3	23,8	29,5

Man bemerkt gleich, daß die Lage des Adels in bezug auf Verkäufe keine großen Änderungen erlitten, in bezug auf Ankäufe aber sich bedeutend verschlechtert hat. Zu gleicher Zeit verlief der Verelendungsprozeß für den gesamten Adel mit der bisherigen Totalität: im Laufe der ganzen 35 jährigen Periode ging die absolute Fläche des Grundbesitzes des Adels mit derselben Schnelligkeit zurück, während die verhältnismäßige Bedeutung dieser Abnahme dadurch immerfort wuchs[1]. Wenn man den Verkauf des Grundbesitzes des Adels nach den einzelnen Gebieten Ruß-

---

[1] Alle diese Veränderungen gestatteten dem Adel als Klasse eine Zeitlang sorgenlos wie früher weiterzuleben, da der Goldregen, welcher sich über diesen Stand ziemlich gleichmäßig ergoß, formell keine Veränderungen erfuhr. Wenn man zur Geldsumme, welche der Adel vom Verkauf der Güter erlöste, noch die Geldmittel hinzufügt, welche infolge des Loskaufs in seinen Besitz kamen, so stellt es sich heraus, daß der Adel im Laufe der 35 jährigen Periode aus den beiden Operationen von 35,4 bis 44,8 Millionen Rubel bezogen hat (siehe S. 16 des Vorworts zum XI. Heft der „Materialien"). Übrigens ging ein Teil dieses Geldes nur nominell zum Adel über, denn tatsächlich wurde ein Teil der Verkaufssummen auf die an den Käufer übertragene Hypothekenschuld angerechnet.

lands nimmt, so war er am größten in den nördlichen und den zentralen industriellen Gebieten, von wo je 100 Deßjatinen Adelsbesitzes jährlich von $2^1/_2$ bis $5^1/_4\%$ verkauft wurden; am geringsten war er im nordwestlichen Gebiet, wo dasselbe prozentuale Verhältnis zwischen $1^1/_4$ und $2^3/_4$ schwankte. Was die Ankäufe anbelangt, so waren sie — mit Ausnahme des nördlichen Gebietes, welches am meisten kaufte — unter allen 45 Gouvernements beinahe gleichmäßig verteilt. Auf 100 Deßjatinen des adeligen Grundbesitzes wurden von Edelleuten jährlich $4^2/_{10}-2^1/_2\%$ durchschnittlich angekauft. Am kleinsten war der Rückgang des adeligen Grundbesitzes in den nordwestlichen und den südwestlichen Gebieten.

Die Landpreise und Anzahl der Verträge, welche von Adeligen abgeschlossen wurden, sind desto höher, je zerstückelter der Grundbesitz ist, der auf den Markt gelangt. Die Verträge über die kleinen Grundstücke, bis zu 100 Deßjatinen, bilden etwa $^3/_4$ der Gesamtzahl der Verträge, und sind dabei die Preise, besonders bei den kleineren Grundstücken, bis auf einige hundert Rubel für die Deßjatine gestiegen.

Die Durchschnittsgrößen der Verträge betreffend den adeligen Grundbesitz sind nach den einzelnen Gebieten nicht identisch: sie schwanken in demselben Maße wie die Durchschnittsgrößen der Ankäufe seitens der Bauern am zahlreichsten sind und 46% aller Ankäufe in Rußland ausmachen. Diese beiden Erscheinungen stehen zweifellos in einem gegenseitigen Zusammenhang, welcher bei der Verteilung der Daten nach den einzelnen Gebieten mit besonderer Bestimmtheit zum Vorschein kommt (siehe die Tabelle auf nächster Seite oben).

Die Rolle der Mobilisation des adeligen Grundbesitzes tritt noch besser hervor bei dem Vergleiche der Bewegung des Grundbesitzes in den verschiedenen Gruppen der Grundbesitzer. Eine entsprechende Berechnung, welche im XII. Heft der „Materialien" enthalten ist und 45 Gouvernements

	Durchschnitts- größe aller Ankäufe	Durchschnitts- größe der An- käufe der Bauern	Durchschnitts- größe der Verkäufe des Adels
Örtliches Gebiet	607,0 Deß.	187,0 Deß.	907,0 Deß.
Südl. Steppengebiet	269,0 „	136,3 „	387,5 „
Nordwestliches Gebiet	240,1 „	39,2 „	322,5 „
Zentrales industrielles Gebiet	226,0 „	35,6 „	179,5 „
Nördliches Gebiet	194,6 „	34,7 „	346,5 „
Südwestliches Gebiet	121,0 „	31,6 „	315,9 „
Zentrales ackerbauen- des Gebiet	90,0 „	15,9 „	161,0 „
Kleinrussisches Gebiet	37,4 „	10,6 „	67,1 „
Schwarzerde-Gouver- nement	170,0 Deß.	35,8 Deß.	269,0 Deß.
Nichtschwarzerde-Gou- vernement	123,0 „	35,3 „	199,0 „
Im ganzen	142,8 Deß.	34,3 Deß.	224,9 Deß.

des europäischen Rußlands im Laufe von 35 Jahren umfaßt, entwirft folgendes Bild:

Gruppen der Besitzer	Käufe	Verkäufe	Zu-(+) oder Abnahme(—)
Adelige	39,8 %	69,5 %	— 29,7 %
Bauern	21,3 %	7,8 %	+ 13,5 %
Die übrigen Stände	38,9 %	22,7 %	+ 16,2 %
Im ganzen	100,0 %	100,0 %	0,0 %

Daraus geht auch die Rolle der Mobilisation in jeder von diesen Gruppen von Besitzern hervor. Während der Grundbesitz des Adels sich durch maximale Verkäufe und deren bedeutendes Vorwiegen über den Käufen auszeichnet, weist der bäuerliche Grundbesitz im Gegenteil einen minimalen Umfang der Verkäufe und eine minimale Bedeutung derselben im Vergleich zur Fläche der Käufe auf. Die Bauernschaft ist ein Stand, welcher den Grundbesitz hauptsächlich erwirbt, aber in geringem Maße veräußert. Die übrigen Stände bilden das Mittlere zwischen diesen beiden

Extremen, wobei die Fläche ihrer Ankäufe die der Verkäufe bedeutend übertrifft[1].

Während der Zeit, welche auf die erste 35jährige Periode, für die Berechnungen vorliegen, folgt, ändert sich die Lage nur unbedeutend. So findet die Bewegung des Adelsbesitzes im Laufe der vier Jahre 1898—1901 in folgenden Tabellen ihren Ausdruck.

Der Adel hat erworben:

Jahre	Gouvernements	Anzahl der Verträge	Anzahl der Deßjatinen Tausend	Wert Tausend Rubel
1898	Im ganzen	3 530	1 655	63 375
	Nichtschwarzerdegouv.	1 335	1 133	20 184
	Schwarzerdegouvern. .	2 195	521	43 190
1899	Im ganzen	3 583	1 579	82 217
	Nichtschwarzerdegouv.	1 336	955	24 291
	Schwarzerdegouvern. .	2 247	624	57 926
1900	Im ganzen	3 685	1 094	74 124
	Nichtschwarzerdegouv.	1 496	573	21 858
	Schwarzerdegouvern. .	2 189	521	52 266
1901	Im ganzen	3 613	793	62 849
	Nichtschwarzerdegouv.	1 394	389	20 273
	Schwarzerdegouvern. .	2 219	404	42 575

Weiterhin hat der Adel verkauft, und war der Verlust an Grundbesitz gleich:

Jahre	Gouvernements	Verkauft			Verlust	
		Anzahl der Verträge	Anzahl der Deßjatinen Tausend	Wert Tausend Rubel	Anzahl der Deßjatinen Tausend	Wert Tausend Rubel
1898	Im ganzen	11 101	2 599	140 284	943	76 908
	Nichtschwarzerde-Gouv. .	3 973	1 446	37 219	312	17 035
	Schwarzerde-Gouvernem.	7 128	1 152	103 064	630	59 873
1899	Im ganzen	12 268	2 562	161 121	982	78 903
	Nichtschwarzerde-Gouv. .	4 394	1 320	42 389	364	18 098
	Schwarzerde-Gouvernem.	7 874	1 242	118 732	618	60 805

[1] Materialien, Heft XI.

Jahre	Gouvernements	Verkauft			Verlust	
		Anzahl der Verträge	Anzahl der Deßjatinen Tausend	Wert Tausend Rubel	Anzahl der Deßjatinen Tausend	Wert Tausend Rubel
1900	Im ganzen	12 378	2 157	156 570	1 063	82 445
	Nichtschwarzerde-Gouv.	4 449	913	39 959	339	18 101
	Schwarzerde-Gouvernem.	7 929	1 244	116 610	723	64 344
1901	Im ganzen	11 482	1 775	150 611	981	87 762
	Nichtschwarzerde-Gouv.	4 091	697	39 795	308	19 522
	Schwarzerde-Gouvernem.	7 391	1 077	110 815	672	68 239

Die angeführten Zahlen zeigen, daß das Jahr 1899 sich durch eine besondere Abnahme des adeligen Grundbesitzes ausgezeichnet hat. Nur vier Jahre unter allen 39 Jahren, für welche Berechnungen vorliegen, übertrafen das Jahr 1899 in bezug auf den Umfang des verkauften Grund und Bodens (1880, 1881, 1884 und 1885); vier Jahre (1880, 1881, 1884, 1885) hatten außerdem einen höheren allgemeinen Verlust. Im Laufe der genannten vier Jahre verkauften die Vertreter des Adels 9,1 Mill. Deßjatinen für 608,6 Mill. Rubel und kauften 5,1 Mill. Deßjatinen zum Wert von 282,5 Mill. Rubeln, d. h. sie haben im ganzen beinahe 4 Mill. Deßjatinen zum Wert von 326,1 Mill. Rubeln verloren. Wenn wir das Jahr 1889 betrachten, welches sich von den in den „Materialien" berechneten letzten vier Jahren abhebt, so erblicken wir folgende Verteilung der Anzahl der Verkäufe, der Deßjatinen und des Wertes je nach dem Umfange der Verträge:

Gruppen der Verträge je nach dem Umfang	Anzahl der Verkäufe	Es wurden verkauft Deßjatinen	Für die Summe von Taus. Rbl.
1. weniger als 5 Deß.	3 138 über	5 681,1	2 548
2. von 5 – 25 Deß.	3 319 50 %	41 680,3	5 663
3. „ 25—100 „	2 618	136 056,4	12 844
4. „ 100—500 „	2 248	519 042,5	41 865
5. über 500	945	1 859 999,3	98 198
Im ganzen . .	12 268	2 562 664,6	161 121

Wenn wir dasselbe in Prozenten berechnen, erhalten wir folgende Durchschnittsgrößen der Verträge und Durchschnittspreise des Landes:

Deßjatinen	Anzahl der Verträge in Prozenten	Anzahl der Deßjatinen in Prozenten	Prozente vom Gesamtwert	Durchschnittlich auf einen Vertrag Deß. Rubel	Preis einer Deßjatine in Rubeln
1. weniger als 5	25,6 ⎱ 52,7 % 27,1 ⎰	0,2 ⎱ 1,8 % 1,6 ⎰	1,6 ⎱ 5,1 % 3,5 ⎰	1,8 812	448
2. von 5— 25				12,6 1 706	136
3. „ 15—100	21,3	5,3	8,0	52,0 4 906	94½
4. „ 100–500	18,3	20,3	26,0	230,9 18 623	80½
5. über 500 ..	7,7	72,6	60,9	1 968,3 103 914	53
	100	100	100	208,9 13 133	63

Im ganzen ist die Verteilung der Verkäufe seitens des Adels im Jahre 1899 dieselbe geblieben wie bisher, denn die Verträge bis zu 100 Deßjatinen, welche beinahe ³/₄ der Gesamtzahl der Verträge (74,0 %) ausmachten, umfaßten nur ¹/₁₄ der von dem Adel verkauften (7,1 %) Fläche [1].

III. Der bäuerliche Grundbesitz.

In den Jahren der Emanzipation weigerten sich die Bauern oft, diejenige Landfläche anzunehmen, welche ihnen angeboten wurde, sondern beschränkten sich auf kleinere Flächen in der Hoffnung, daß mit der Zeit der Adelsbesitz so wie so zu ihrem Eigentum werden würde. Obgleich dieser Gesichtspunkt im großen ganzen auch zurzeit derselbe ist, sucht dennoch die Bauernschaft mit großer Energie überall nach Land und kauft es an, wo sie eine Gelegenheit dazu wahrnimmt. Als Ergebnis sehen wir eine Zunahme der Fläche des bäuerlichen Grundbesitzes.

Die Analyse der Zunahmen des Grundbesitzes nach den einzelnen Ständen deutet auf eine Besonderheit des bäuerlichen Grundbesitzes hin: im Jahrzehnt 1863—1872

---
[1] Heft XIV, S. 21.

verteilte sich die Fläche von 7,0 Mill. Deßjatinen Landes folgendermaßen: 57,1 % gelangten in den Besitz der Kaufleute, 19,7 % in den der Bauern verschiedener Kategorien und der Gemeinen, 5,9 % in die der Ehren-, 5,7 % der Kleinbürger, 2,7 % der Angehörigen der liberalen Berufe usw.

Gesamtfläche der Ländereien, die einen Übergang durchgemacht haben	Kaufleute	Ehrenbürger	Kleinbürger	Bauern
1. Jahrzehnt (1863—1872) 7,1 Mill. Deß.	57,1	5,9	3,7	19,4
2. „ (1873—1882) 10,3 „ „	36,9	6,7	4,1	30,9
3. „ (1883—1892) 8,7 „ „	19,8	5,9	2,9	51,8
30 Jahre (1863—1893) 26,1 Mill. Deß.	37,5	6,2	3,7	35,5
Im ganzen	(43,7)			(39,2)
Anzahl der Verträge	(11,1)			(76,6) Mill.
Fläche	(31,2)			(47) „

Die Bauern und die Kaufleute standen sich einander schroff gegenüber. Während die Anzahl der Verträge und deren Summe bei den Kaufleuten immerfort abnahm, war sie bei den Bauern in stetigem Steigen begriffen. Es hat aber die Bauernschaft nach der Berechnung für 30 Jahre (1863—1892) die Vergrößerung ihres Grundbesitzes nicht gleichmäßig angestrebt.

Der bäuerliche Grundbesitz unterschied sich stark nach den Gruppen des persönlichen, gesellschaftlichen und Gemeindebesitzes. In der unten angeführten Tabelle ist das Überhandnehmen der bäuerlichen Käufe über den Verkäufen in diesen Gruppen dargestellt:

Jahre	Anzahl der Verträge			Gekauft (Mill. Deßjatinen)			Bezahlt (Mill. Deßjatinen)		
	persönlichen	gesellschaftl.	Gemeinden	persönlichen	gesellschaftl.	von Gemeinden	persönlichen	gesellschaftl.	von Gemeinden
1863—1872	17 896	6 375	617	0,7	0,5	0,1	13,4	8,6	1,9
1873—1882	23 943	17 255	799	1,5	1,4	0,2	36,5	24,0	3,0
1883—1892	17 945	22 901	2 672	1,1	2,4	0,9	41,9	80,6	32,2
1893—1897	11 181	14 275	1 049	0,6	1,3	0,3	25,1	63,0	9,8
1898	2 119	4 320	418	0,06	0,5	0,2	4,6	35,4	14,2
1899	2 349	5 404	547	0,1	0,6	0,2	5,9	39,9	13,1
1900	2 518	5 837	582	0,03	0,7	0,1	4,8	51,9	11,8
1901	2 080	5 699	385	0,08	0,6	0,07	7,2	51,4	9,0

Die Zahlen zeigen, daß die Zunahme des persönlichen Grundbesitzes der Bauern im Laufe der verschiedenen Jahrzehnte großen Schwankungen ausgesetzt war, wobei die Zeit von 1873—1882 für derartige Ankäufe am günstigsten war.

Ein anderes Bild gewährt die Zunahme des Grundbesitzes, bewirkt durch die Ankäufe der Gesellschaften und Gemeinden. Die Gesellschaften haben sowohl nach der Anzahl der Verträge als auch nach der Landfläche und der Höhe der für den Grund und Boden bezahlten Summe schließlich alle übrigen Gruppen der Bauernschaft überflügelt. Die Mobilisation, welche durch die Ankäufe der Gemeinden hervorgerufen wird, ist geradezu verschwindend klein. Bekanntlich ist der Umfang der bäuerlichen Ankäufe von der Tätigkeit der Bauernbank im allgemeinen beeinflußt worden; der Umfang und der Charakter dieser Tätigkeit ist aus folgender Zusammenstellung zu ersehen.

Durch Vermittelung der Bauernbank wurde von den Bauern gekauft:

Jahre:	1883 bis 1885	1886 bis 1890	1891 bis 1895	1896 bis 1900
Anzahl der Verträge	1 941	5 409	6 628	17 805
Deßjatinen in Tausend	546,3	1 021,2	757,1	2 498,3
Rubel in Millionen	28,5	39,7	30,0	177,9
Durchschnittspreis einer Deßjatine	52 Rbl.	39 Rbl.	40 Rbl.	71 Rbl.[1]

An die Bank fielen zurück:

Anzahl der Verkäufe		11 %	11 %	0,9 %
Deßjatinen (Tausend)		113,3	81,9	21,7
Rubel (Millionen)		7,5	5,8	1,2
Durchschnittspreise		66 Rbl.	70 Rbl.	53 Rbl.

Die Bauern behielten zum Schluß des Zeitabschnitts:

Anzahl der Deß. (Taus.)	546,0	1 508,8	2 056,4	4 399,5
Wert in Millionen Rubel	28,5	64,4	83,5	258,8
Für den Preis pro 1 Deß.	52 Rbl.	43 Rbl.	41 Rbl.	59 Rbl.

---

[1] In den Jahren 1905—1908 Durchschnittspreis einer Deßjatine: 104,8—107,2 Rbl.

Somit läßt sich im Ergebnis wiederum eine immer steigende Zunahme des bäuerlichen Grundbesitzes konstatieren. Wenn man diese Zunahme mit Hilfe der Daten der „Materialien" über die Mobilisation berechnet und dabei die Untersuchung vom Jahre 1877 zu Grunde legt, so erhält man folgendes Anwachsen der Fläche des privaten Grundbesitzes der Bauern (genauer gesagt, der gesamten Dorfbewohner)[1].

	Die Fläche des privaten Grundbesitzes der Dorfbewohner	Zunahme der gesamten Fläche des privaten Grundbesitzes d. Dorfbewohner im Verhältnis zum Jahre 1877	Dasselbe im nordwestlichen Gebiet	Dasselbe im östlichen Gebiet
Zum Ende d. J. 1877	8534,5	**100**	100	100
„ „ „ „ 1882	10630,4	125	139	115
„ „ „ „ 1887	13467,9	158	224	135
„ „ „ „ 1892	15759,5	185	384	140
„ „ „ „ 1897	18134,3	213	530	158
„ „ „ „ 1898	18931,3	222	550	164
„ „ „ „ 1899	19803,4[2]	**232**	**584**	**172**

Somit ist die Fläche des bäuerlichen privaten Grundbesitzes im Laufe von 21 Jahren (1877—1899) $2^{1}/_{4}$ mal so groß geworden. Im Vergleich zur Fläche des Anteillandes, wenn man dieselbe als 100 annimmt, bildet dies für das erste Jahr der ganzen Periode 6,8 %, für das letzte Jahr 15,7 %. Nach den einzelnen Gebieten schwankt dieser Prozentzusatz ganz bedeutend. Es ist unmöglich, einen Zusammenhang der „gekauften" Grundstücke nach den einzelnen Gouvernements festzustellen; die Betrachtung aber der einzelnen Gebiete läßt die vorgefaßte Meinung von der größeren Intensität der Käufe bei kleinerem Umfang der Anteile als unbestätigt aufgeben. So hat z. B. das zentrale ackerbauende Gebiet

---

[1] „Materialien über die Statistik des Grundbesitzes des Adels." St. Petersburg 1907, Heft XIV, Vorwort, S. XXIX u. XXX.

[2] Das bildet $1/_5$ der Gesamtfläche des privaten Grundbesitzes; zum Ende des Jahres 1906 — die Fläche des privaten Grundbesitzes der Dorfbewohner — circa 24000 Deßjatinen; $1/_5$ der ganzen Fläche des privaten Grundbesitzes in Rußland.

das direkt entgegengesetzte Verhältnis ergeben und hat es sich herausgestellt, daß hier sowohl die Anteile als auch die Zunahme des „gekauften" Grundbesitzes am geringsten sind.

Nach dem Jahre 1899, dem letzten von der eben angeführten 21jährigen Periode, dauerte die bezeichnete Zunahme der Fläche des privaten Grundbesitzes der Dorfbewohner immer fort. Nach den letzten Daten der Bauernbank läßt sich der Umfang dieser Zunahme, sofern die Verträge durch die Vermittelung der Bank zustande kamen, feststellen. Die Bodenfläche, welche im Laufe der fünfjährigen Periode 1900—1904 mit Hilfe der Bauernbank in den Besitz der Bauern übergegangen ist, läßt sich aus folgender Tabelle ersehen:

Die Fläche des Landes, das die Bauern mit Hilfe der Bauernbank in den Jahren 1900—1904 erworben haben:

Jahre	Dorfgemeinden Deßjatinen	Gesellschaften Deßjatinen	Einzelne Hofbesitzer Deßjatinen	Insgesamt Deßjatinen
1900	135 592	660 809	20 964	817 365
1901	97 564	661 622	16 065	775 257
1902	83 581	589 205	22 729	965 515
1903	97 642	625 864	16 075	739 581
1904	70 645	485 322	11 661	567 628
1905	51 866	336 872	7 665	396 403
Im ganzen	536 890	3 359 694	95 159	3 991 743

Es war also die Zunahme der Fläche des „gekauften" bäuerlichen Grundbesitzes im Laufe der 5 Jahre 1900—1904 verhältnismäßig recht bedeutend. Zum 1. Januar 1900 kann man die Gesamtfläche des privaten bäuerlichen Grundbesitzes auf etwa 24 Millionen Deßjatinen schätzen, d. h. auf das Dreifache im Verhältnis zu der Fläche vor 27 Jahren.

Eine derartige Entfaltung der Tätigkeit der Bank konnte nur bei dem ständigen Ankauf von Gütern seitens der Bauern à conto des Kapitals der Bank stattfinden. In der Tat ergibt die „Übersicht über die Tätigkeit der Bauernagrarbank für die Jahre 1883—1904", daß die Bauernbank zwecks Verkaufes an Bauern folgende Landflächen erworben hat:

im Jahre	1900	. .	94 527	Deßjatinen	
„ „	1901	. .	151 884	„	Im ganzen:
„ „	1902	. .	90 776	„	500 721 Deß.
„ „	1903	. .	116 951	„	
„ „	1904	. .	46 583	„	

Die tiefgehende Agrarbewegung des Jahres 1905 zog einen völligen Umsturz der bisherigen Agrarpolitik der Regierung und der Bauernbank nach sich. Seit 1906 trat die Epoche des verstärkten Ankaufes des Adelslandes ein — freilich zu außerordentlich erhöhten Preisen.

Im Laufe der Jahre 1905 und 1906 hat die Anzahl der gekauften Güter gleichfalls zugenommen und zum 1. Januar 1907 war die Zahl der Güter, welche der Bauernbank zwecks Kaufes angeboten wurden, nach den von mir gesammelten Angaben gleich 7 633 mit der Gesamtfläche von 8,5 Millionen Deßjatinen und dem Gesamtwert von mehr als 1 Milliarde Rubel[1].

Wenn man noch diejenigen Ländereien hinzufügt, welche auf Grund der Verordnungen betreffend den Verkauf der Krons- und Apanagengüter in den Strudel der Mobilisation

---

[1] Das Angebot von Großgrundbesitz an die Bauernbank ist in der letzten Zeit wieder schwächer geworden*); auch konnte die Bank nicht mit der Prüfung der früheren Angebote fertig werden. Bis zum 1. Januar 1907 war beschlossen, 2,3 Mill. Deßj. zu kaufen, bis zum 1. Januar 1908 5,2 Mill. Deßj.; bis zum 1. November 1908 5015 Güter in der Größe von 5,8 Mill. Deßj. für 621,6 Mill. Rbl., d. h. im Durchschnitt für 107 pro Deßjatine. Bis zum 1. Januar 1909 war der Ankauf weiterer ⅓ Mill. Deßj. genehmigt. Wirklich gekauft ist jedoch ein beträchtlich geringeres

---

*) Über den Zusammenhang der Verkaufsofferten von seiten des Großgrundbesitzes mit der Intensität der Agrarbewegung macht T s c h e r n y s c h e w interessante Mitteilungen. Das größte Angebot erfolgte während der Gärung des Jahres 1905 insbesondere im Wolgagebiet und in Südrußland. Die Einberufung der zweiten Duma verringerte, die Agrarbewegung im Sommer 1907 verstärkte das Angebot. Sowie die Gefahr vor Unruhen schwindet, ziehen viele Besitzer ihre Verkaufsofferten zurück.

mit hineingezogen werden können¹, so wird man wohl begreifen, daß wir zur Zeit an der Schwelle einer ganz neuen Periode des Mobilisationsprozesses stehen, bei welchem ein ganz anderer Umfang des Mobilisationsfonds, neue Bedingungen seiner Verteilung, folglich auch ein ganz anderer Prozentsatz der Mobilisation und andere Bodenpreise in Frage kommen. Wenn aber die Tendenzen des ganz unerwartet erschienenen und in seiner Inkonsequenz geradezu merkwürdigen Ukases vom 9. November 1906 betreffend die Verpfändung des bäuerlichen Anteillandes auch in der Praxis eine Verwirklichung erfahren sollten, so würden die Bedingungen der Mobilisation unseres privaten Grundbesitzes noch größere Änderungen aufzuweisen haben².

Areal, weil die Besitzer mit den gebotenen Preisen häufig nicht einverstanden waren. Tatsächlich gekauft waren bis zum 1. Januar 1907 1,2, bis zum 1. Januar 1908 2,6 Mill. Deßj. zum Preise von 350 Mill. Rbl. (gleich 103,8 Rbl. pro Deßjatine). Dabei betrug das Darlehen der Bank an die Bauern 291,8 Mill. Rbl. 1901—1905 hatte der Durchschnittspreis, den die Bauernbank bezahlte, nur 88 Rbl. pro Deßjatine betragen. Interessant ist, daß die Bauernbank bei ihren Ankäufen bäuerlichen Verkäufern nur 64 Rbl. pro Deßjatine bezahlte, Kleinbürgern 113, Kaufleuten 118, dem Adel aber 121 Rubel.

¹ Auf Grund des Ukases vom Jahre 1906 sind aus dem ehemals unbeweglichen staatlichen Landfonds 6,858 Millionen Deßjatinen Land zur Verteilung an Bauern angewiesen; dazu kam noch der Landfonds der Apanagendepartements in der Höhe von 2,062 Millionen Deßjatinen, zusammen also 8,9 Millionen Deßjatinen.

² Die zweite radikale Maßnahme der Regierung war der Erlaß vom 9. November 1906, der mit der Anordnung des Ausscheidens der einzelnen aus der Gemeinde den Beginn zur Auflösung des Gemeindebesitzes bedeutet. Die mißtrauischen zögernden Bauern werden von Regierungsorganen, d. h. den „Landeshauptleuten", in jeder Weise zum Ausscheiden ermuntert, mitunter direkt veranlaßt. Bis zum 1. September 1908 waren unter dem Einfluß dieser Aufmunterungen etwa 300 000 Gesuche zum Ausscheiden aus der Gemeinde eingereicht. Die auszuscheidende Fläche umfaßte allerdings erst 1½ Mill. Deßj., d. h. 1% des gesamten bäuerlichen Anteillandes. Die Duma hat noch ein übriges getan und alle diejenigen Bauern, die im Laufe der letzten 24 Jahre keine Umteilungen des Gemeindelandes vorgenommen hatten, zu persönlichen Grundbesitzern befördert. An solche Besitzer gab es bis zu 48%! Damit ist der Grund gelegt zu einer neuen schnellen Atomisierung des bäuerlichen Grundbesitzes.

Es steht also zweifellos fest, daß in der Geschichte der russischen Mobilisation und unseres ganzen Grundbesitzes durch die Revolution eine scharfe Grenze gezogen ist. Mit der Revolution hat die auf die Emanzipation folgende Wirtschaftsperiode (1861—1905) ihren Abschluß gefunden und es hat eine neue, von der vorhergehenden durchaus abweichende Epoche eingesetzt. Sie ist durch die Veröffentlichung von Ukasen, welche den Verkauf von Apanagen- und Kronsländereien anordnen, sowie durch das Gesetz vom 9. November 1906 gekennzeichnet und schließlich durch die damit in Zusammenhang stehende Zunahme des Landfonds der Privateigentümer.

Die angeführten Zahlenangaben erbringen den unstreitbaren Beweis dafür, daß die höchst wichtige wirtschaftliche Erscheinung der Mobilisation zur Aufklärung des Charakters des wirtschaftlichen Lebens Rußlands viel beiträgt. Jedoch ist der Entwicklungsgang kaum angedeutet, und wir erleben schon eine neue interessante Periode, wo jene primitiven Methoden, welche bis zur letzten Zeit in unserer Grundbesitzstatistik angewandt wurden, als durchaus unzureichend betrachtet werden müssen.

Wie wir schon öfters früher bemerkt haben, sind die wesentlichsten von den angeführten Daten entweder den bereits herausgegebenen „Materialien über die Statistik der Bewegung des Grundbesitzes" oder den noch nicht veröffentlichten Materialien, die für die späteren Hefte vorbereitet werden, entnommen. Alle diese Materialien schildern den Mobilisationsprozeß nur in den allgemeinsten Zügen; darin besteht ihre Besonderheit, ihr Wert und ihr Mangel. Über die allgemeinen Fehler des Stoffes haben wir uns bereits geäußert; was aber speziell den Mobilisationsprozeß anbelangt, so ist dessen Klarstellung durch die Unmöglichkeit, sich weiter als in die einzelnen Gebiete zu vertiefen, bedeutend beschränkt, denn die Daten über die einzelnen Gouvernements — und noch mehr für die Kreise

— sind durchaus unzuverlässig. Aber derselbe Stoff hat auch gewiß seine Vorzüge, da er große Zahlen umfaßt und sich auf Massengrößen zu stützen erlaubt. Beinahe wertlos bei den Feststellungen für die einzelnen Kreise und Gouvernements ist dieser Stoff bei größerem Umfang sehr bedeutungsvoll, denn dabei läßt sich der ganze Verlauf in großen Zügen betrachten und sind die Mängel des Stoffes bei den großen Zahlen nicht von solchem Belang. Die enormen Zahlenangaben, welche im Laufe von 40 Jahren für 45, später für 47 Gouvernements berechnet worden sind, lassen die Grundtendenzen der Mobilisation unseres nichtstädtischen Grundbesitzes ganz klar und bestimmt hervortreten, und die allgemeinen Ergebnisse verdienen eine bedeutende Aufmerksamkeit, da ja das bezeichnete Material in dieser Frage zugleich auch das einzige ist, über welches die russische Statistik verfügt. Die teilweise gemachten Berichtigungen, die für ein Gouvernement oder ein Gebiet von wesentlicher Bedeutung sind, sind dennoch nicht imstande, die Endergebnisse des großen gesamten Materials irgendwie zu beeinflussen. Außerdem aber lie ert das Zahlenmeer, liefern die Massen der statistischen Daten an und für sich — auf Grund des bekannten Gesetzes der großen Zahlen — einige anschauliche Winke dafür, in welcher Richtung die möglichen Berichtigungen, die Interpolationen u. dgl. mehr vorgenommen werden müssen, was jedenfalls die Benutzung eines derartigen Stoffes für Untersuchungen ermöglicht. Um aber den zum Vorschein kommenden Aufgaben und der Rolle einer derartigen Statistik gerecht zu werden, muß die diesbezügliche Arbeit weitergeführt werden und nicht auf die Willkür der einzelnen Bureaukraten sich stützen, sondern auf der Erkenntnis der staatlichen und volkswirtschaftlichen Bedeutung der Frage beruhen.

Um die allgemeinen Schlußfolgerungen, welche aus den oben angeführten statistischen Daten gemacht wurden, zu prüfen, wurde im Jahre 1895 eine besondere Arbeit unternommen, und zwar wurden in die Tabellen diejenigen Fälle der Mobilisation eingeschaltet, über welche die Daten überhaupt nach der Verfassung der veröffentlichten Tabellen eingelaufen waren oder wegen der präliminaren Prüfung derselben an Ort und Stelle sich verspätet hatten. Diese supplementären Daten bildeten 2,3% von allen Fällen der Mobilisation und sie veränderten in etwas die absoluten Zahlen, ließen aber die wesentlichsten Ergebnisse unangetastet [1].

In den Tabellen für die einzelnen Jahre und Gebiete wurden durch die Ergänzungen einige wesentliche Änderungen vollzogen: zwei, drei Zahlen wurden gründlich abgeändert, im übrigen wurden die einander entsprechenden Angaben für die einzelnen Jahre und die schroffen Unterschiede in den Schwankungen der benachbarten Zahlen ausgeglichen. Jedoch blieben auch hier die Tendenzen und Schlußfolgerungen unverändert bestehen, was wohl auch dann der Fall sein würde, wenn die Tabellen die gänzlich unbearbeiteten Fälle (1,7% der Gesamtzahl im Laufe von 40 Jahren) gleichfalls umfassen würden. Jedoch war die Möglichkeit der Klarstellung dieser Fälle in Rücksicht auf das damalige System der Statistik total ausgeschlossen.

Um somit selbst eine genaue Feststellung des Mobilisationsprozesses zu erreichen, muß unsere ganze Statistik des Grundbesitzes vorher geregelt werden. Zu diesem Zwecke muß, wie gesagt, an erster Stelle unser Landfonds, der Umfang und die Formen des russischen Grundbesitzes

---

[1] Die Ergänzungen brachten folgende Änderungen. Anstatt der 702 195 Fälle, welche 96% der Gesamtzahl der registrierten Fälle ausmachten, ergaben sich 759 756 Fälle, d. h. 98,3% aller Verträge konnten der Bearbeitung unterzogen werden, und wurde die Zahl der unvollständigen und zweifelhaften Karten von 4% auf 1,7% herabgesetzt. (Das bildet den Inhalt des XV. Heftes.)

Die Größe der Gesamtfläche des Bodens, welcher sich vom Jahre 1863 bis 1902 auf dem Markt befand, war infolge dessen um 2,7% gewachsen, und zwar waren es anstatt der früheren 96 589 549 Deßjatinen 99 232 277 Deßjatinen, abgesehen von der Fläche von 162 247 Deßjatinen, welche für die Enteignungen von Eisenbahnen bestimmt war. Der Wert des gesamten Bodens veränderte sich gleichfalls, und zwar wuchs er von 2 730 937 666 Rubel auf 2 807 555 686 Rubel.

festgestellt, sodann die Urquelle der laufenden Statistik verbessert und schließlich alle jene Verbesserungen der Zählungstechnik und der Bearbeitungsmethoden vorgenommen werden, auf welche wir bereits früher hingewiesen haben.

Wenden wir uns zum Schluß zur Frage von dem allgemeinen wirtschaftlichen Charakter der Mobilisation. Zur Zeit können das Wesen und die Tendenzen des Mobilisationsprozesses nur im allgemeinen beurteilt werden, und lassen sich die allgemeinen Ergebnisse in der Zunahme der Preise, der Stärkung des Mobilisationsprozesses, der Verringerung der für den Markt in Betracht kommenden Besitzungen, so zu sagen in der „Atomisierung" des Grundeigentums zusammenfassen; die Merkmale der Parzellierung und der Konzentration werden nur angedeutet, können aber nur in Zahlen festgelegt werden; es kann nur einigermaßen zugegeben werden, daß sich eine Verarmung des mittleren und kleineren grundbesitzenden Adels vollzieht und daß dieselbe mit der Entwickelung einer besonderen Klasse von adeligen Großgrundbesitzern und kapitalistischen Agrariern Hand in Hand geht, es lassen sich aber dafür keine festen Daten aufbringen. Wenn aber diese Daten auch existierten, so wäre noch vorher zu entscheiden, wie man die Erscheinungen der Konzentration und der Parzellierung auffassen soll, denn in der national-ökonomischen Literatur wurde mit Recht behauptet, daß „das Vorhandensein dieser Erscheinung an und für sich noch nichts beweise". „In jedem Lande, wo der Grundbesitz nicht völlig immobil gemacht worden ist, muß er den einen oder den anderen Änderungen sich unterziehen, d. h. entweder in der Richtung der größeren Parzellierung oder in der der größeren Konzentration. Daraus kann aber durchaus nicht gefolgert werden, daß gleichzeitig und unbedingt auch die ungünstigen Folgen, welche mit der Übertreibung dieser Vorgänge verknüpft sind, eintreten; mit anderen Worten, kann nicht jede Parzellierung und jede Konzentration an und für sich als schädlich betrachtet werden. So z. B. kann die Parzellierung bei dem Vorwiegen des Großgrundbesitzes nicht nur als nützlich, sondern geradezu als notwendig erscheinen. sie kann auch in dem sich abspielenden Übergange zu intensiveren Feldwirtschaftssystemen ihre Begründung finden; die Konzentration kann ihrerseits sehr nutzbringend sein, wenn sie die übermäßige Zersplitterung des Grundeigentums beseitigt usw. Es können also die Prozesse der Parzellierung und der Konzentration an und für sich weder als nützliche, noch als schädliche Erscheinungen gelten; ihre Nützlichkeit oder Schädlichkeit läßt sich nur im Zusammenhang mit den von ihnen erreichten Ergebnissen feststellen [1].

Der Grundbesitz der Bauernschaft läßt vorläufig gleichfalls keine tieferen Schlüsse folgern, aber auch hier empfindet man das dringende Bedürfnis für eine neue statistische Bearbeitung der Frage, welche dem neuen Agrarprogramm, dessen Durchführung das gesamte russische Leben dringend verlangt, entspräche.

Somit steht die Mobilisationsfrage vor dem Grundbesitz Rußlands klar und unbehelligt da, und kann sie weder vertuscht, noch verneint werden. Indes hat der Reichsrat noch vor kurzem in seiner naiven Unkenntnis der einfachsten Tatsachen das Vorhandensein selbst der Mobilisation bei uns bestritten. So erklärte die Majorität des Reichsrats im Jahre 1893 bei der Beratung des Gesetzes über die Unveräußerlichkeit der Anteile, daß sie „der in Westeuropa umlaufenden Meinung, der Grundbesitz sei eine Ware, welche sich von den übrigen auf dem Tauschmarkte zirkulierenden Werten keineswegs unterscheide, überhaupt nicht beipflichten könne. Das kann vielleicht für einzelne westeuropäische Staaten zutreffen, wo das Grundeigentum einen engen und endgültig festgelegten Begriff

---

[1] W. v. Dehn, Zur Frage von der Mobilisation des Grundbesitzes (Kritik des Buches von Ssokolow) „Nautschnoje Obosrenije", 1898, N. 10, S. 1776.

bildet. Jedoch führt auch hier die unbeschränkte Freiheit des Handels mit bäuerlichem Grundbesitz zu ungünstigen Ergebnissen"[1]. Alle oben angeführten statistischen Daten müssen sowohl den Reichsrat als auch alle seine Gesinnungsgenossen dazu bestimmen, ihre frühere Meinung gründlich zu revidieren. Das Schicksal unseres privaten Grundbesitzes ist mit dem „Tauschmarkt", auf welchem der „Grundbesitz" als einfache Ware auftritt, eng verknüpft. Die Feststellung dieser Tatsache ist zwar für Rußland recht traurig, denn sie birgt in sich die unheilvolle Prophezeiung einer vollständigen Verelendung des platten Landes, es ist aber Sache der Gewissenhaftigkeit und Unparteilichkeit, das Vorhandensein dieser Tatsache zu bestätigen. Die Beurteilung dessen aber, inwiefern die weitere Entwickelung der Mobilisation erwünscht oder notwendig sei, inwiefern diese Entwickelung unterstützt zu werden verdiene oder im Gegenteil, ihr Hindernisse in den Weg gelegt werden müssen, das sind alles Fragen anderer Kategorien, deren Erörterung von den bescheidenen Zielen dieser Arbeit nicht vorgesehen war.

---

[1] Vgl. das Referat von Ilarion Was. Tschernyschew, Die Aufgaben der Reichsduma in der Frage von der Reform des Bauernrechts (III. Abt. der Kaiserl. Freien Wirtschaftlichen Vereinigung, 22. Januar 1907).

Anhang.

Die Erhebungen des Jahres 1905 sind mit großer Eile ausgeführt worden. Das Ministerium des Innern gestattete seinen Berichterstattern nur eine Frist von 6 Monaten (vom 15. Juni bis zum 31. Dezember 1905). Die Methode der Erhebung war den Gouverneuren anheimgestellt. Natürlich ist dadurch der wissenschaftliche Wert der Erhebung sehr in Frage gestellt. Die Herausgeber des unter dem Titel: „Statistik des Grundeigentums im Jahre 1905" im Jahre 1907 herausgegebenen amtlichen Werkes erkennen selbst die Mängel desselben voll an [1]. Die Hauptergebnisse dieser letzteren Statistik im Verhältnis zu der des Jahres 1877 sind die folgenden. Es gab in den 50 Gouvernements des europäischen Rußlands

	im Jahre 1877 Mill. Deßj.	%	im Jahre 1905 Mill. Deßj.	%
Privateigentum, veräußerlich	93,98	24,9	101,73	25,8
Bäuerliches Anteilsland, unveräußerlich	116,72	31,0	138,76	35,1
Staatsbesitz, Kirchenland, Apanagenland, Stiftungen	166,31	44,1	154,69	39,5
Zusammen	377,02	100,0	395,19	100,0

Zum Privateigentum sind bei dieser Einteilung außer dem persönlichen Grundbesitz auch das Eigentum von Gesellschaften und Kameradschaften (wie er namentlich bei Ankäufen von seiten der Bauern sehr häufig vorkommt) mitgerechnet. Das persönliche Privateigentum machte im Jahre 1877 97,4 % des gesamten Privatbesitzes aus, 1905 jedoch nur 84,5 %. Der Anteil der überwiegend bäuerlichen

---

[1] So ist z. B. die Verteilung der fiskalischen Wälder, die fast 30 % der Gesamtfläche Rußlands ausmachen, gänzlich außer acht gelassen!

Gesellschaften und Kameradschaften hatte sich also von 2,6 auf 15,5 %, also um das Sechsfache, vermehrt.

Das persönliche Grundeigentum verteilte sich folgendermaßen auf die einzelnen Stände:

	Millionen 1877	%	Deßjatinen 1905	%
Adel	73,0	77,8	53,2	52,3
Bauern	5,8	6,3	13,2	12,9
Kaufleute	9,8	10,7	12,9	12,7
Kleinbürger	1,9	2,1	3,8	3,7

Der Adel hat somit im Laufe der 28 Jahre von 1877 bis 1905 19 Millionen Deßjatinen eingebüßt. Der Hauptverlust mit 3,1 Millionen Deßjatinen entfällt auf den zentralen Rayon. Im Jahre 1905 besaß der Adel über 25 % der Gesamtfläche in den folgenden Gouvernements: Ostseeprovinzen, Nordwestprovinzen, Podolien, Chersson, Tula, St. Petersburg, Poltawa. Den geringsten Besitz (unter 5 % des Gesamtareals) hatte der Adel in Orenburg, Astrachan, Wjatna, Wologda, Olonez, Archangelsk. Der bäuerliche Landbesitz hat die folgenden Wandlungen durchgemacht. Es gab Tausend Deßjatinen

	1877	1905
zugekauftes persönliches Eigentum	5787	13 214
„ Gesellschaftseigentum	764	3 729
„ Kameradschaftseigentum	1717	11 881
Zusammen	8269	28 824

Im ganzen ist also der bäuerliche Besitz um 20,72 Millionen Deßjatinen gewachsen.

Nach Größenklassen verteilte sich der Privatbesitz wie folgt:

	Anzahl der Besitzungen	deren Gesamtfläche Mill. Deßjatinen
Kleine Besitzungen (0—100 Deßjatinen)	663 860	9,7
Mittlerer Besitz (100—1000 Deßjatinen)	75 170	23,9
Großgrundbesitz (über 1000 Deßjatinen)	13 851	52,2

Die Durchschnittsgröße des Besitzes betrug bei den Kaufleuten 564 Deßjatinen, beim Adel 496, bei den Kleinbürgern 44, bei den Bauern 27 Deßjatinen. Von den kleinen Besitzungen gehörten 44,4 % Bauern; beim Großgrundbesitz überwog der Adel (72 %).

Printed by Libri Plureos GmbH
in Hamburg, Germany